MANŒUVRES D'INFANTERIE

POUR RÉSISTER A LA CAVALERIE,

ET L'ATTAQUER AVEC SUCCÈS.

Par le Chevalier DUTEIL, Major de Regiment de Toul, du Corps-royal de l'Artillerie; de plusieurs Académies.

A METZ,

Chez JEAN-BAPTISTE COLLIGNON, Imprimeur-Libraire, à la Bible d'or.

M. DCC. LXXXII.

Avec Approbation & Privilége du Roi.

BIBLIOTHÈQUE [library stamp]

AVANT-PROPOS.

C'EST une question bien importante qui intéresse & partage le Militaire en Europe, de savoir si l'Infanterie, en rase campagne, peut résister à la Cavalerie ; les deux armes prétendent avoir gain de cause, & l'expérience si décisive, en faits militaires, ne résout point la question, puisque chaque partie a droit de s'en appuyer (a). Je ne me flatte pas de la décider, mais l'ayant médité long - temps ,

---

(a) Que l'on parcourre les Annales anciennes & modernes, l'on y verra par-tout l'Infanterie & la Cavalerie triomphantes tour à tour l'une de l'autre.

voici ce qui m'a déterminé à développer mon opinion.

Quelques Officiers généraux ayant remarqué, que l'Infanterie étoit fans manœuvres pour réfifter ou attaquer la Cavalerie, & ne pouvant diffimuler que tout ce qui a été fait à cet égard eft infuffifant, foible, ou compliqué, m'ont engagé à préfenter ce fragment de mon ouvrage de Tactique rélatif à cet objet.

Je commencerai par quelques obfervations fur les opinions les plus généralement reçues, & pour faire voir que les manœuvres que que je propofe font applicables à toutes les formations, je les fuppoferai exécutées, depuis un bataillon jufqu'à quatre, avec du canon, ou fans canon. J'éviterai, autant qu'il me fera poffible, les citations prifes dans l'antiquité, étant trop fouvent & à beaucoup d'égard coloffalles & fabuleufes. J'analiferai & comparerai peu mes manœuvres avec celles qui exif- tent dans divers ouvrages ou Or- donnances, afin d'éviter les dif- cuffions & l'ennui des longueurs. Je m'en rapporterai aux perfonnes éclairées qui voudront bien fe don- ner la peine de me juger. Si j'ai réuffi, j'en ferai fort aife, finon il me reftera la confolation de m'être occupé utilement & d'avoir peut-être engagé quelqu'un à mieux faire.

Il eſt quelques Militaires qui paroiſſent douter encore de l'importance de la queſtion énoncée ci-deſſus. Qu'importe, diſent-ils, cette rivalité entre l'Infanterie & la Cavalerie, puiſqu'elle eſt d'un heureux préſage pour la victoire. Qu'importe que la Cavalerie attaque l'Infanterie formée & en bon ordre, ſi elle a eu des ſuccès. Pourquoi, au contraire ne pas entretenir cette audace & cette émulation réciproque entre les deux armes ? Pourquoi ? Parce que ſi cette rivalité, cette émulation ſont favorables à la victoire, elles exiſtent chez nos ennemis comme chez nous, & qu'à cet égard les réſultats ſont les mêmes & la victoire incertaine. Mais qui peut ignorer l'utilité dont eſt la Cavalerie dans les armées, & l'importance de cette arme lorſqu'elle ſera employée comme elle doit l'être. Pourquoi l'expoſer au feu meurtrier de l'Infanterie & à une ordonnance ſolide & réſiſtante, lorſque l'on peut oppoſer l'Infanterie à l'Infanterie, remplir par ce moyen le même objet & conſerver la Cavalerie ſi diſpendieuſe à l'Etat, pour des momens importans & plus déciſifs. Que penſeroit-on de l'Artillerie, ſi, pour avoir été employée avec quelques ſuccès comme Grenadiers, elle prétendoit ſervir en ligne comme tels. Il réſulte donc de ce que je

viens de dire, qu'il faut que chaque arme rentre dans fa fphere;
que l'Infanterie, la premiere de
toutes, foit rédoutable par fa dif-
cipline, fa difpofition, fon feu,
& que nul autre ne puiffe la vain-
cre que par le nombre. Tel eft
le but des manœuvres que j'ofe
préfenter dans cet ouvrage, fi je
n'ai point pris l'illufion pour la
réalité.

OBSERVATIONS

SUR QUELQUES MANŒUVRES

QUI ONT ÉTÉ PROPOSÉES ,

POUR RÉSISTER A LA CAVALERIE.

TOUTE difpofition d'Infanterie en bataille, dont les flancs & le front ne font point couverts, eft infuffifante pour réfifter à la Cavalerie, fût-elle même fur fix de hauteur, parce qu'elle offre toujours deux flancs ifolés & très-foibles. De toutes les difpofitions d'Infanterie, c'eft fans doute celle qu'il convient le moins d'oppofer à la Cavalerie, parce qu'indépendamment de la foibleffe de fes flancs, elle eft

---

Nota. L'on fera attention qu'il n'eft ici queftion que de l'Infanterie ifolée, & fans point d'appui.

la plus facile à rompre par le choc à cause du grand développement qu'elle préfente aux efforts de la Cavalerie.

La difpofition de plufieurs Colonnes placées à côté les unes des autres *(fig. 1.)* eft fujette à beaucoup d'inconvéniens. Dès qu'une fois la Cavalerie a pénétré dans ces intervalles, elle ne court aucun rifque,

---

On ne conçoit point comment on a pu dire & foutenir que la Cavalerie ne s'arrêtera jamais dans les intervalles des Colonnes, que dans le cas qu'elle s'y arrêteroit, les Colonnes feroient feu par leurs flancs, & que la Cavalerie fe trouveroit alors entre deux feux. Eft-il poffible de foutenir une telle affertion, comme fi l'on pouvoit attendre du Soldat affez de fang froid & de juftefle dans fon feu, pour que les colonnes ne tirent pas l'une fur l'autre.

Si la Cavalerie eft habile & manœuvriere, & que fon attaque foit environnante, cette Infanterie pouvant dans le même inftant être attaquée de toutes parts, quelle confiance peut-elle avoir dans une femblable difpofition?

La propofition de faire combattre la Cavalerie, mêlée dans les intervalles de l'Infanterie, nous paroît infoutenable, quoique cette méthode ait été employée par quelques Généraux Grecs, & relaffée par quelques Auteurs modernes.

ni l'Artillerie, ni l'Infanterie ne pouvant dans ce cas, faire ufage de leurs feux. Le feu des colonnes, prifes en flanc, eft peu rédoutable, puifqu'une colonne par divifion, telle que nous les formons aujourd'hui, ne donneroit que quarante - cinq coups de fufils, tandis que la divifion fuppofée à trente-deux files, en donneroit par le front quatre-vingt-feize, ce qui eft plus du double. *Mais, dût-elle en donner autant par les flancs, que par le front,* elle n'en feroit pas moins fujette aux inconvéniens que l'on cite. De quelque nombre de colonnes que foit compofée cette difpofition, il y aura toujours les quatre points d'attaque, des angles défignés par la lettre *A.* On peut ajouter, à ce que je viens de dire, que les Officiers fupérieurs, les Tambours, les chevaux & voitures de munition, tout eft abandonné à l'ennemi, n'étant ni placés, ni défendus dans cet ordre.

La disposition des colonnes placées en en cremaillere (*fig.* 2.) est défectueuse; elle a l'inconvénient d'être facile à désordonner, si on attaque les colonnes de la tête & de la queue par la diagonale des angles opposés aux flancs, ainsi qu'il est représenté par les lignes ponctuées *A*. Les flancs que cette disposition procure ne valent rien , puisqu'on peut les éviter en attaquant les colonnes de la tête & de la queue par leurs flancs *B*.

On dira, peut-être, que l'auteur environnant sa disposition de cordage, la rend invincible à la Cavalerie. Pour répondre à cette objection, je me contenterai de demander où se placeront les Officiers supérieurs, les Tambours, huit piéces de canon avec leurs avant-trains, huit caissons de munitions avec leurs chevaux, qui font attachés aux quatre bataillons, enfin, si cette Artillerie fera feu par-dessus ou par-dessous ces cordages. Cette question ne pouvant se résoudre à l'avantage de la difpofition, ce n'eſt donc pas ſans raiſon, ſi je dis qu'elle eſt défectueuſe.

La Colonne, *(fig.* 3. *)* me ſemble très-foible, la Cavalerie pouvant cheminer ſur les capitales, fort près d'elle & ſans courir aucun riſque; parce que les feux de l'Infanterie ne pouvant être que perpendiculaires à leurs fronts, il en réſulte que les quatre angles de cette colonne ſont de quatre-vingt-dix dégrés, & totalement dépourvus de feux. Cette diſpofition eſt d'autant plus foible, qu'elle eſt facile à déſordonner ; la manœuvre longue par la multitude de ſes commandemens, aſſez difficiles à exécuter, & plus encore à mouvoir. (*a*) Le canon y eſt très - mal

____

(*a*) Je dis qu'elle eſt difficile à mouvoir d'après les principes mêmes de l'Ordonnance , qui ayant reconnu la difficulté des marches de flanc, dit: » qu'on ne marchera jamais de cette maniere que » par diviſion. » L'on remarquera que les flancs de cette colonne ſont chacun de plus d'un bataillon; elle éprouvera donc beaucoup de difficulté lorſque l'on voudra la faire mouvoir par ſa tête ou par ſa queue , &c.

placé, n'ayant pas d'ailleurs pourvu aux intervalles qui lui font néceffaires, ni à la sûreté de fes munitions, &c.

Toute difpofition d'Infanterie contre la Cavalerie, doit non-feulement lui réfifter, mais avoir encore l'audace de l'attaquer. Pour jouir de cet avantage, il faut que la manœuvre réuniffe les propriétés du feu, la fimplicité, la folidité, la mobilité, & fi l'attaque eft environnante, que l'on puiffe fe défendre également de toutes parts.

C'eft à jufte titre que l'on a dit : « que » la fermeté d'une Troupe augmenteroit » en raifon de ce que chaque individu fe- » roit plus perfuadé de la bonté de l'Or- » donnance, & de la difpofition dans la- » quelle il eft rangé.

Si l'on parvient à une difpofition qui réuniffe les avantages dont nous venons de parler, elle donnera au foldat toute la confiance & l'affurance dont il eft effentiel qu'il foit pénétré, alors on pourra fe paffer de tous retranchemens mobiles & portatifs,

qui font ordinairement embarraffans & dif-
pendieux, que l'on traîne après foi quelquefois toute une guerre, fans avoir occa-
fion d'en faire ufage, & dont la néceffité
d'y recourir prouve la foibleffe de nos difpofitions.

L'Infanterie devant être pourvue de deux
piéces de canon par bataillon, & de deux
caiffons de munitions, fa difpofition doit
être telle que le canon foit le plus avantageu-
fement placé, pour qu'il protege l'Infanterie, & lui facilite le moyen d'attaquer
la Cavalerie. Jufqu'à préfent il femble que
l'on ait négligé de faire entrer l'Artillerie
dans la difpofition de ces manœuvres,
comme fi l'Infanterie pouvoit être foutenue
par un moyen plus formidable.

L'on vient de voir que fans entrer dans
de grands détails, fans rechercher & s'ap-
péfantir fur les défauts particuliers des manœuvres dont on vient de parler, elles font,
ainfi qu'il a été dit, infuffifantes, foibles ou
compliquées.

Je vais dire maintenant ce que je pense des différens moyens qui ont été proposés, pour employer le feu de l'Infanterie contre la Cavalerie.

DU FEU DE L'INFANTERIE OPPOSÉ A LA CAVALERIE.

Opinion de l'Auteur.

L'ASSURANCE & le courage qui naîtroient d'une bonne disposition, seroit sans doute un pas de fait vers la perfection de l'art. Si le soldat y joignoit encore de la confiance dans son feu, il en résulteroit des avantages incalculables, que ne surmonteroit jamais la Cavalerie. Examinons donc ce qui a été proposé & ce qui se pratique à cet égard.

Le feu, par un ou plusieurs rangs, tel qu'il a été indiqué (*a*), ainsi que celui de

(*a*) Essai général de Tactique.

file

file de l'Ordonnance, me semble mal employé contre la Cavalerie ; l'un & l'autre de ces feux font d'un effet trop peu fenfible, ils enhardiffent le cavalier, animent les chevaux fans y porter le défordre ; ils les préparent au contraire au bruit de la moufqueterie.

Le feu oblique, ainfi qu'il a été propofé (*a*), eft impraticable. A la guerre, on ne peut point affez compter fur l'alignement des rangs & l'emboîtement des files, pour que le foldat avec fon arme puifle obliquer fon feu. Le fufil fuffifant à peine pour tirer fur trois de hauteur, on craint avec raifon que le feu, tel qu'il fe pratique aujourd'hui, ne coûte bien des hommes au premier rang ; l'arme n'en feroit-elle pas plus courte encore s'il falloit obliquer le feu (*b*) ?

(*a*) Effai général de Tactique.

(*b*) Je ne doute pas que l'on ne faffe à cet égard de férieufes réflexions, & que l'on ne reconnoiffe tôt ou tard, que l'inconvénient de

B

Je dis donc que lorsque l'on voudra employer son feu contre la Cavalerie, il faudra proportionner l'effet à la cause: c'est-à-dire, faire feu de toutes les parties du front menacées. Cette *masse de feu* faite à trente pas de l'ennemi, bien ajustée au poitrail des chevaux, suffira pour arrêter la Cavalerie, ou tout au moins rompre cette impulsion, qu'on dit être si redoutable. Le bruit de cette masse de feu & son effet sur le premier escadron, doit, à cette distance, y porter la confusion. Je dis plus, la Cavalerie doit être étonnée de voir l'Infanterie l'attendre dans le meilleur ordre, pour faire feu sur elle à bout por-

---

mettre genou à terre n'approche pas de celui de perdre par son feu, la plus grande partie du premier rang, quand même il seroit formé des plus petits hommes, ce qui en auroit encore; il falloit donc laisser subsister ce défaut jusqu'à ce l'on fût éclairé par un moyen plus efficace.

En vain nous citera-t'on les Allemands, leur feu est reconnu de toute l'Europe pour être le plus vif, mais aussi le moins meurtrier.

tant. Quelle impreſſion cela ne fera-t’il pas aux eſcadrons ſuivans ? Quel ſpectacle pour eux lorſqu’ils verront renverſer la plus grande partie de celui qui les dévance ? Le déſordre & les chevaux abattus , formeront un obſtacle qui les empêchera de charger le même point , & devenant pour l’Infanterie un retranchement d’hommes & de chevaux , les forcera , en ſe portant ſur un autre , à prêter le flanc & à éprouver le même ſort.

Lorſque j’aurai indiqué la diſpoſition que je propoſe , je développerai la maniere dont on devra exécuter ce feu.

L’Infanterie devenue redoutable par ſa diſcipline , ſa diſpoſition & ſon feu , ne verra plus la Cavalerie lui diſputer l’empire des plaines , ni oſer l’attaquer tant qu’elle ſera en maſſe & formée.

Il réſulte delà , que je ne penſe pas qu’il ſoit néceſſaire de garantir du coup de ſabre la tête , ni les épaules du ſoldat , comme cela a été propofé. La Cavalerie n'ayant plus à l'avenir l'avantage fur lui que dans la difperfion ; c'eft au contraire cette différence fi effentielle pour fa confervation, qui le convaincra du danger & de la néceffité de refter en maffe (*a*).

Le développement de mon opinion fur les différens objets dont je viens de traiter, me porte à dire un mot fur la réclamation finguliere des piques & des lances, que l'on a prétendu employer il y a quel-

---

(*a*) Quand même la Cavalerie ne s'abftiendroit pas d'attaquer l'Infanterie formée & en bon ordre, faudroit-il pour cela la furcharger d'armes défenfives pour des cas particuliers, qui ne fe rencontrent pas quelquefois de toute une guerre ?

Comme je penfe que la Cavalerie ne doit attaquer l'Infanterie, que lorfqu'elle eft en défordre & difperfée , j'ofe croire que l'on feroit très-bien de fupprimer les cuiraffes, n'ayant point dans ce cas de feu à redouter, & devant être dans toutes fes pofitions hors de la portée du fufil. C'eft encore un problême que de favoir fi les cuiraffes ont plus préfervé que détruit de Cavaliers.

ques années pour fe défendre de la Cavalerie (*a*).

DES PIQUES ET LANCES

COMPARÉES AVEC LE FUSIL.

SANS rien hazarder, on peut affurer que le fufil armé de fa bayonnette, eft une arme formidable & infiniment fupérieure à toutes celles dont les anciens ont fait ufage, c'eft-à-dire, comparées à celles de même efpéce, telles que javelot, arbalette, arc, pique, lance, &c.

Le fufil étant une arme de jet & de main, a l'avantage d'une lance, ou pique qui auroit cent vingt toifes de longueur, puifque c'eft fa portée ; rien ne prouve mieux la fupériorité du fufil, que l'adoption qu'en a faite toute l'Europe, laquelle n'a pas cru devoir préférer une autre arme, pour défendre l'Infanterie de la Cava-

______

(*a*) Ce fut à Metz, dans les épreuves de l'ordre profond, que l'on fit cet effai, & qui parut généralement rejetté.

lerie ; d'ailleurs la Cavalerie Theſſalienne ne triompha-t'elle pas à la bataille d'Arbelles de l'Infanterie , malgré ces armes de longueur & l'habitude qu'elle avoit contracté de s'en ſervir ? Philopœmen ne remporta-t'il pas la victoire ſur Machanides près de Mantinée ? &c. En vain citera-t'on des exemples où le feu ne l'a pas arrêté (a); une ſeule époque de la guerre derniere prouve contre cette aſſertion , puiſque la notre fut renverſée à la bataille de Minden , par le feu que les Anglois firent ſur elle à bout portant.

Que n'ajouteroit-on pas à ce que l'on vient de dire, ſi l'on conſidéroit ces armes de longueur ſous tous les rapports militai-

------

(a) La perfection du feu de l'Infanterie étoit-elle portée au point où elle pouvoit l'être ? Toutes les Troupes de l'Europe ne ſe ſont-elles pas calquées à cet égard ? & ne peut-on pas aſſurer que cette partie de la Tactique n'a fait nul progrès , & qu'elle eſt encore enveloppée de la plus vicieuſe inſtruction ?

res où elles peuvent l'être? La comparaison du fusil avec les lances ou piques, ayant
été faite à l'avantage de l'arme à feu, par
l'auteur de l'Artillerie nouvelle, me dispense
d'en dire davantage (*a*). C'en est donc
assez pour faire rejetter cette idée, mon
unique objet n'étant pas de réfuter ces armes abandonnées de toute l'Europe dès
le commencement de la guerre de 1701.

Cette courte discussion me conduit à
faire remarquer, combien il est essentiel de
faire connoître à l'Infanterie les avantages
qu'elle a sur la Cavalerie, par sa formation, l'effet destructeur de son feu & celui de son artillerie ; le danger qu'elle
court si elle s'effraye & se désunit, sa force
invincible tant qu'elle reste intrépide &
formée.

L'Infanterie doit donc être convaincue
que la Cavalerie ne s'étant jamais exercée

(*a*) On peut voir encore ce que l'Auteur
de l'Essai général de Tactique dit à cet égard.

à franchir des obstacles, elle ne parviendra jamais à surmonter celui qu'elle lui présente en masse par sa hauteur, sa profondeur & la multitude de ses bayonnettes qui forment une haye des plus terribles.

On ne doit pas lui laisser ignorer non plus que, malgré l'expérience qui prouve qu'elle a quelquefois battu l'Infanterie, on peut lui prouver aussi, par l'expérience, qu'il existe autant d'occasions où elle a résisté & mit la Cavalerie en fuite.

Telle fut la savante retraite du Général Schulembourg, lorsqu'il sauva les débris de l'armée du Roi Auguste, en résistant aux attaques multipliées de Charles XII, à la tête de toute sa Cavalerie, qui étoit alors la plus redoutable de l'Europe. Schulembourg fut le premier sans doute qui prouva que l'Infanterie pouvoit résister à la Cavalerie en rase campagne.

L'on peut dire avec raison que ce n'est que depuis la décadence de la discipline militaire, que la Cavalerie charge avec quelque fuccès l'Infanterie, depuis ce tems, abandonnée à de foibles ou mauvaifes manœuvres de défenfe contre la Cavalerie.

DISPOSITION DE LA COLONNE

PROPOSÉE

POUR RÉSISTER A LA CAVALERIE.

Colonne d'un Bataillon, avec fon Canon ou fans Canon.

SUPPOSONS un Bataillon traverfant un pays ouvert, à portée de la Cavalerie qui peut l'inquiéter.

Le Bataillon fera formé en colonne par peloton, à diftance de fection ; fon canon à droite & à gauche du premier peloton ; fes deux caiffons doublés à la queue de la colonne, ainfi qu'il eft repréfenté dans la figure premiere, planche 4.

Dans cet ordre la colonne marchera à

la Cavalerie (*a*), lorsqu'elle en sera à cinq cent toises, elle s'arrêtera & serrera ses pelotons en masse. Cela fait, on prendra trente-deux pas d'intervalle entre le cinquiéme & sixiéme pelotons ; ensuite on commandera, *BATAILLON FORMEZ LA COLONNE* (*b*); ce commandement n'étant qu'un avertissement à celui de, *A DROITE ET A GAUCHE.* Les deux premiers & les deux derniers pelotons de la colonne, feront les premiers à droite, & les derniers à gauche. Au commandement de *MARCHE*, ils

---

(*a*) Je dois prévenir que ce n'est point avec une colonne d'un, ni de deux bataillons que je propose d'attaquer la Cavalerie, à moins qu'elle ne soit peu nombreuse, mais bien avec une de quatre, quelque supérieure en nombre elle puisse être.

(*b*) A ce commandement la piéce de droite fera à droite, celle de gauche à gauche, pour laisser un intervalle qui permette aux pelotons de marcher en avant la valeur du front d'une section, ainsi qu'il est représenté par la *Figure* 2. *planche* 5.

fe porteront en avant la valeur du front d'une fection ; tourneront les uns & les autres par file à droite, iront fe placer fur les flancs droit & gauche de la colonne, vis-à-vis l'intervalle , obfervant également entr'eux la diftance de trente-deux pas. On peut faire marquer cet intervalle par les Sergens de remplacement les plus à portée , lefquels refteront jufqu'à ce que les pelotons aient fait halte. Au commandement *HALTE*, *FRONT*, les pelotons s'arrêteront, & ceux qui auront fait à droite feront face en tête ou demi-tour à droite. Dans cette pofition , la colonne pourra marcher de tous côtés, en lui commandant, en avant , à droite , à gauche , ou demi-tour à droite. Si la colonne doit attendre l'Ennemi, elle reftera face en tête, & l'on commandera, *FORMEZ LES FLANCS.* A ce commandement le peloton de la tête de la colonne & le dernier de la queue, feront par fection à droite & à gauche, la fection de droite à droite, celle de gauche à gauche. Au commandement de marche, ces sections iront en en tournant par file à droite & à gauche, se placer sur les flancs des pelotons de la tête & de la queue de la colonne, ainsi qu'il est représenté par la Figure premiere. Au commandement de *H A L T E*, *F R O N T*, elles s'arrêteront, & les sections de la tête feront demi-tour à droite. A l'exception du commandement d'avertissement, les Officiers commandant les sections feront ces commandemens.

Les Pelotons & les Sections qui, dans leurs mouvemens par les flancs, se trouveroient être par le dernier rang, formeront la section au commandement de leurs Officiers, comme se forme le Bataillon dans l'Ordonnance lorsque l'on fait les feux en arriere ; ainsi il n'en sera plus parlé dans la formation des autres colonnes.

A l'égard de la place que les Officiers & bas-Officiers doivent occuper dans les pelotons ou sections, toutes les fois que l'on formera la colonne, les Commandans se placeront dans le rang au centre de leurs pelotons ou divisions, les autres Officiers qui se trouveront à ces places se reculant au troisiéme rang. Ceux des Officiers qui se trouvent être aux flancs des divisions, pelotons ou sections, passeront en serre-file, & tous reprendront leur place ordinaire quand on fera le commandement *BATAILLON EN COLONNE*. Il ne sera de même plus rien dit à cet égard.

Pendant ces mouvemens, qui sont on ne peut pas plus simples, puisque ce ne sont que des à droite & des à gauche ; le canon fera feu sur la Cavalerie, ce qui la déterminera à se retirer ou à attaquer. Dans le premier cas, la colonne suivra sa destination. Dans le second, les Officiers supérieurs, les Tambours, les caissons & les avant-trains, entreront & se placeront dans l'intérieur de la colonne, ainsi qu'il est représenté par la Figure premiere.

Si la Cavalerie tourne la colonne, le

canon fuivra fes mouvemens, fe plaçant toujours aux flancs des pelotons prêts à entrer dans les intervalles, qui doivent être de dix-huit pieds pour une piéce.

Si la Cavalerie fe divife pour former plufieurs points d'attaque, l'Artillerie en fera de même pour être toujours en mefure de la canonner, l'Infanterie faifant face au côté où elle fe préfentera.

Si l'attaque enfin eft environnante & décidée, le canon fe placera dans les intervalles oppofés, & tirera à cartouches lorfqu'il en fera temps. Quand l'Infanterie fera prête à faire feu, le canon & les avant-trains (*a*) fermeront les intervalles ainfi que les caiffons, ce qui empêchera la Cavalerie de pénétrer dans la colonne. On pourra prendre quelques hommes des pelotons les plus à portée pour jetter derriere les pié-

---

(*a*) Lorfque l'attaque fera décidée, on détellera les chevaux des avant-trains que l'on rangera dans l'intérieur de la colonne.

ces & les avant - trains, & ces hommes
feront feu lorfque l'Officier leur en fera le
commandement. Ces détails feront les
mêmes pour les colonnes de deux Bataillons.

Suppofons ces difpofitions faites par une
colonne de quatre, qui auroit pour objet
d'attaquer la Cavalerie & à s'emparer de fa
pofition.

La Cavalerie n'ayant pu pénétrer dans
l'intérieur de ma colonne, par la difpofition des caiffons qui en ferment toutes les
iffues, je rétablirai le défordre occafionné
par les charges de la Cavalerie ; je ferai
rentrer mes bleffés dans l'intérieur de la
colonne ; je préfenterai fur tous les fronts
de nouvelles divifions qui n'auront point
fouffert ; j'en ferai de même des pelotons
qui couvrent leurs flancs, ce qui fera facile,
les quatre maffes de ma colonne ayant quatre divifions de profondeur.

La Cavalerie n'ayant pu me difperfer
& ne pouvant refter fous le feu que feroit

l'Infanterie, retournera dans fa pofition ou en prendra une autre. Dans ce cas je marcherai à elle, ainfi que je l'ai indiqué, & mon artillerie recommencera le plus grand feu. La Cavalerie fera donc forcée de revenir à la charge & d'abandonner encore fa pofition : alors même défenfe & toujours même attaque.

Qu'on jette les yeux fur le feu terrible de l'Artillerie & fur celui de l'Infanterie, développé dans l'Appendice, & l'on fe convaincra qu'il n'eft pas poffible que la Cavalerie puiffe y réfifter.

Ayant fait combattre les deux armes avec toute l'opiniâtreté dont elles font capables, c'eft aux perfonnes éclairées & impartiales à juger qui des deux doit l'emporter.

Toutes les fois que l'on fera le commandement *FACE PAR-TOUT*, une des files extérieures des fections qui couvrent le flanc des pelotons de la tête & de la queue de la colonne, fera face du même

même côté que ces pelotons. Il en fera de même de ceux qui se font placés sur les flancs; par cette disposition, les intervalles du canon feront encore défendus par un feu croisé.

Si la Cavalerie n'attaquoit qu'un point, ou les deux de la tête & de la queue de la colonne, ou enfin les deux flancs opposés; dans ce cas les trois files extérieures des pelotons & sections dont nous venons de parler, feroient face au point d'attaque. Dans tous les autres cas il n'y aura que la file extérieure qui fera face, ainsi cela fera entendu pour les autres colonnes.

Supposons maintenant la colonne fans canon. Dans ce cas on ne prendra de distance du cinquième au sixiéme pelotons que de trente pas. Au commandement *FERMEZ LES INTERVALLES, PAR SECTION, A DROITE ET A GAUCHE, MARCHE.*

Les sections du cinquiéme & sixiéme pelotons, feront à droite & à gauche &

C

iront fe placer dans les intervalles , ainfi qu'il eft repréfenté dans la *figure. 2. pl. 5.* Au commandement, *HALTE, FRONT.* Ces fections l'exécuteront faifant face au côté extérieur. Dans ce dernier cas , la colonne étant fans canon, les pelotons de la tête & de la queue n'auront point leurs flancs couverts , ainfi qu'il a été indiqué, *Fig. premiere , pl. 4.*

Dans cette pofition , fi l'on vouloit faire marcher la colonne , on commanderoit, *SECTION EN COLONNE.* A ce commandement, les fections qui ferment les intervalles fe remettront à leurs places , par les mouvemens contraires à ceux par lefquels ils ont été fermés. A l'exception du commandement d'avertiffement , foit pour fermer les intervalles , foit pour remettre les fections en colonne , les Officiers qui les commandent feront les commandemens particuliers pour l'exécution de ces mouvemens. On fent combien cette colonne peut fe mouvoir avec facilité, n'ayant qu'un

peloton de front & un de flanc. J'indique-
rai ailleurs les principes qu'on devra obferver, lorfqu'on voudra la faire marcher.

Suppofons enfin qu'il n'y ait ni canon,
ni Grenadiers, ni Chaffeurs ; on ne prendra de diftance pour former la colonne
que le front d'un peloton, alors elle fera
exactement fermée. On fera attention que
les flancs des pelotons foient fuffifamment
dégagés, pour pouvoir fe procurer fans
rifque, des feux croifés fur les quatre angles.

Lorfqu'on voudra mettre la colonne en
colonne ordinaire, on commandera, *BA-
TAILLON*, *RÉGIMENT* ou *BRIGADE
EN COLONNE*.

L'on fera enfuite les commandemens
contraires à ceux qui ont été faits pour former la colonne.

COLONNE
DE DEUX BATAILLONS
AVEC SON CANON, OU SANS CANON.

Nous supposerons également, que la colonne doit traverser un pays ouvert, en présence de la Cavalerie.

Les deux Bataillons formeront une colonne par peloton à distance de sections, le canon du premier & du second Bataillon à droite & à gauche du premier peloton de la tête de la colonne, le premier à droite, le second à gauche; ses avant-trains dans l'ordre ordinaire derriere leurs piéces; les caissons doublés en arriere, à droite & à gauche du dernier peloton de la colonne, ainsi qu'il est représenté, *fig. premiere, pl. 6.*

La colonne marchera dans cet ordre à la Cavalerie jusqu'à la distance de cinq cent toises; à cette distance on l'arrêtera,

& l'Artillerie fera feu fur la Cavalerie. Pendant ce feu on formera la colonne, on la fera ferrer en maffe & prendre quarante-huit pas d'intervalle de la queue du premier Bataillon à la tête du fecond. Au commandement, *REGIMENT, FORMEZ LA COLONNE, A DROITE ET A GAUCHE, MARCHE.* Les cinq premiers pelotons de la tête de la colonne ayant fait à droite, les cinq derniers à gauche, les uns & les autres fe portant en avant la valeur du front d'un peloton, tourneront par file à droite, longeant les flancs de la colonne pour fe placer vis-à-vis l'intervalle, obfervant entr'eux la même diftance que l'on a pris de la queue du premier Bataillon, à la tête du fecond.

Au commandement, *HALTE, FRONT,* ils s'arrêteront, & ceux qui ont fait à droite feront face en tête, ou demi-tour à droite; dans cette pofition, fi la colonne doit marcher, elle fera front du côté où elle devra diriger fa marche ; fi elle doit attendre elle restera face en tête, & l'on commandera, *FORMEZ LES FLANCS*. A ce commandement, les deux premiers pelotons de la tête de la colonne feront, le premier, à droite, le second à gauche; les deux derniers de la queue feront, le dernier, à droite, l'avant-dernier, à gauche; les pelotons qui se trouvent aux flancs de la colonne, étant face en tête, feront, ceux qui font extérieurs, demi-tour à droite, les seconds resteront face en tête, ils iront tous se placer sur les flancs des trois autres pelotons restant, en alignant les flancs extérieurs, aux fronts des pelotons extérieurs, ainsi qu'il est représenté dans la *fig. premiere, planche* 6. Les commandemens particuliers à ces mouvemens, feront faits par les Commandans des pelotons, sans égard les uns aux autres, mais au plus vîte.

On voit que dans cette position il est encore très-facile de se mouvoir, puisque la colonne ne présente que des pelotons qui marchent de front, & des pelotons qui marchent de flanc, ce qui eſt de même de quelque côté qu'on la dirige.

Si la colonne étoit ſans canon, on ne prendroit que trente pas de diſtance de la queue du premier Bataillon, à la tête, du ſecond. Au commandement, *REGIMENT, FORMEZ LES FLANCS, FERMEZ LES INTERVALLES.* On formera les flancs, ainſi qu'il a été indiqué pour la colonne d'un Bataillon. Les Commandans des pelotons intérieurs des quatre maſſes rompront les pelotons, iront ainſi doublés, fermer leſ intervalles qui ſont à leur droite, ſe portant à hauteur des ſections de flanc, ainſi qu'il eſt repréſenté par la *fig.* 2. *pl.* 7.

On peut doubler les ſections en faiſant faire à droite aux pelotons, & commandant enſuite, ſections doublées, marche; la ſeconde ſection déboîtant ſa droite ira doubler derriere la premiere. On formera les pelotons par les mouvemens contraires.

Dans cette poſition, ſi l'on vouloit faire marcher la colonne, on commanderoit, *SECTIONS EN COLONNE.* Les ſections de flanc, & celles qui ferment les intervalles reprendroient leurs places, par les mouvemens contraires, au commandement de leurs Officiers.

Si les Grenadiers & les Chaſſeurs n'y étoient point, on ne prendroit de diſtance de la queue du premier bataillon, à la tête du ſecond, que vingt pas. Alors la maſſe de la tête & celle de la queue, feroient toujours compoſées de trois pelotons, deux ſections de flanc, & deux qui ferment les intervalles, qui font cinq; mais celle de flanc ne ſera plus compoſée, que de deux pelotons, deux ſections de flanc, & les deux qui ferment les intervalles, ce qui fait quatre.

Cette colonne eſt ſi ſimple, que quelque ſoit la force & le nombre des pelotons, elle peut également ſe former.

Pour remettre la colonne en colonne ordinaire, on fera les commandemens qui ont été indiqués à la colonne d'un Bataillon.

COLONNE
DE QUATRE BATAILLONS
AVEC DU CANON, OU SANS CANON.

IL paroîtra fans doute bien hardi, de faire attaquer de la Cavalerie par de l'Infanterie, tandis que jufqu'ici l'on s'eft à peine occupé des moyens de s'en défendre ; c'eft cependant par le moyen de cette manœuvre rédoutable que j'ofe avoir cette prétention, quelque nombreufe que puiffe être la Cavalerie. Ayant indiqué dans la colonne d'un Bataillon mes difpofitions d'attaque, je me difpenferai de les répéter ici.

Les quatre Bataillons formeront une colonne par divifion, à diftance de fection. Le canon du premier & du fecond Bataillon à la droite de la premiere division de la colonne, celui du troisiéme & quatriéme à sa gauche ; les avant-trains à leur place ordinaire derriere leurs piéces ; les caissons, ainsi qu'il a été indiqué & repréfenté dans les colonnes d'un & de deux Bataillons.

Lorsqu'on voudra former cette colonne, on fera ferrer en masse & prendre soixante-quatre pas de distance de la queue du second Bataillon à la tête du troisiéme, ensuite on commandera, *BRIGADE, FORMEZ LA COLONNE, A DROITE ET A GAUCHE, MARCHE.* Ce qui fera exécuté par le premier & quatriéme Bataillon, ainsi qu'il a été expliqué pour la colonne de deux Bataillons. Il en fera de même de tous les autres détails.

On fent parfaitement que si cette colonne est destinée à attaquer la Cavalerie, elle ne peut être privée de son canon, ni de ses Grenadiers & Chasseurs. Suppofons néanmoins, pour satisfaire à toutes les objections, qu'elle n'ayent, ni l'un, ni l'autre; dans l'un & l'autre cas l'ouverture de la colonne sera la même que si le canon, les Grenadiers & les Chasseurs y étoient; les divisions intérieures fermeront les intervalles ainsi qu'il est représenté par la *fig.* 2. *pl.* 9. Mais les masses de la colonne ne seront alors que de deux divisions de hauteur, deux pelotons de flanc, & les deux qui ferment les intervalles, ce qui fait quatre divisions.

Si l'on avoit deux colonnes de quatre Bataillons, telles que celles dont il vient d'être parlé, on les placeroit sur la même ligne à six cent toises l'une de l'autre, & si l'on en avoit trois, la premiere & la troisiéme, feroient à huit cent toises. La seconde du centre, cent toises en avant, ainsi qu'il est représenté par la *fig.* 3. *pl.* 10. On leur donne cette disposition pour qu'elles se protégent réciproquement & que la direction des feux se croise parfaitement sans se nuire les uns aux autres.

Par cette pofition auffi formidable à l'Infanterie qu'à la Cavalerie, on peut avec douze bataillons, occuper une plaine qui auroit deux mille toifes de long, fur onze cent de large, fans en laiffer aucune partie qui ne foit battue par le canon à la diftance de cinq cent toifes.

Je ne doute pas qu'une colonne de quatre Bataillons, telle que celle dont il vient d'être parlé, ne fût un point d'appui très-refpectable fur les flancs de nos lignes, ce qui n'empêcheroit pas qu'on ne pût placer encore la Cavalerie d'une maniere très-avantageufe.

Je m'étois propofé, lorfque j'ai travaillé à ces colonnes, de les exécuter par le centre, mais j'ai trouvé qu'elles ne pouvoient fe former avec facilité, que lorfque les pelotons étoient à feize files & au-deffus, qu'au-deffous de ce nombre, cela étoit d'autant plus difficile, que les pelotons étoient plus foibles.

Un des motifs qui m'a encore déterminé

à former ces colonnes comme je le propofe, c'eſt que, quelque ſoit la force des
pelotons, elles peuvent toujours s'exécuter, fut-ce même par des troupes les moins
exercées, telles qu'on les aura après quelques campagnes; que d'ailleurs elles ſe forment des ailes au centre comme la plûpart
de nos manœuvres ; que pour former la
colonne de quatre Bataillons, comme je
le propoſe, il faut parcourir cent trente
pas dans le premier mouvement; qu'en la
formant par le centre, il faut en parcourir quatre-vingt : ſuppoſant, dans l'un &
l'autre cas, les pelotons à ſeize files; il y
a donc quarante pas de différence, ou à
peu près une demi-minute au pas de manœuvre, tous les autres mouvemens étant
égaux d'ailleurs. Je n'ai donc pas cru
que ce foible avantage, (joint à la difficulté de former ces colonnes ſans com-
pliquer la manœuvre, lorſque les pelotons
ſont au-deſſous de ſeize files,) dût l'emporter ſur la facilité que l'on trouvera à les

former comme je le propofe, méthode fimple & d'autant plus avantageufe, que les trois colonnes fe forment par les mêmes mouvemens; j'ofe efpérer que la pratique confirmera ce que j'avance, & qu'elle nous éclairera encore fur les moyens de les perfectionner. *(a)*

DU TEMPS QUE L'ON EMPLOYE

A FORMER CES COLONNES.

IL eft fenfé que ces colonnes ne commencent à fe former, que de l'inftant où les pelotons & divifions font à droite & à gauche pour fe porter fur les flancs, parce qu'elles peuvent ferrer en maffe & prendre leur diftance au centre, en marchant. C'eft donc de cet inftant que nous allons calculer la durée de leur formation, abftrac-

---

(*a*) **C**es colonnes n'ayant point été exécutées, on trouvera peut-être dans la pratique, la poffibilité de les former par le centre.

tion faite de celle des Commandemens qui confiſtent à dire, *BATAILLON*, *RÉ- GIMENT*, ou *BRIGADES*, *FORMEZ LA COLONNE*, *A DROITE ET A GAU- CHE*, *MARCHE*, *HALTE*, *FRONT*. Pre- mier mouvement. *FORMEZ LES FLANCS, A DROITE ET A GAUCHE, MARCHE, HALTE, FRONT.* Deuxiéme mouvement.

COLONNE D'UN BATAILLON.

1. Mouvement au pas de ma- nœuvre   56 pas. } 71 ce qui fait } $\frac{1}{2}$ min. 7. ſecond.
2. Mouvement Idem   15 pas. }

COLONNE
DE DEUX BATAILLONS.

1. Mouvement   90 pas. } 120 ce qui fait } 1. minute.
2. Mouvement   30 pas. }

COLONNE
DE QUATRE BATAILLONS.

1. Mouvement 150 pas. } 155 ce qui fait } 1. minute $\frac{1}{2}$.
2. Mouvement   25 pas. }

Si dans la pratique on trouve quelques erreurs dans ces calculs, j'oſe aſſurer qu'elles ne feront pas ſenſibles.

DES PRINCIPES A OBSERVER

DANS LA MARCHE DES COLONNES.

LES colonnes font, comme on peut le voir, compofées de quatre maffes, ainfi de quelque côté que l'on marche, la maffe qui aura la tête de la colonne fera chargée du point de vue & de la direction du mouvement. La maffe de la queue, marchera aux chefs de files de celle de la tête; les maffes de flanc, porteront la tête au centre pour marcher à même hauteur; celle du flanc droit, obfervant fa diftance à gauche, & celle de gauche, à droite.

Lorfque l'on formera la colonne, les drapeaux, fuivis de deux bas Officiers les plus à portée d'eux, entreront dans la colonne & fe placeront au centre défigné par la lettre *A, pl. 6, fig. premiere*; mais toutes les fois qu'elle devra marcher, le drapeau du Bataillon, dont un des pelotons, ou des

divifions

divifions, aura la tête de la colonne, ira fe placer avec deux bas Officiers, fix pas en avant de ces pelotons, ou de ces divifions. Le drapeau rentrera dans l'intérieur de la colonne toutes les fois qu'elle devra s'arrêter, ou combatre.

Pour porter la colonne en avant, en arriere, ou fur fes flancs, on fe fervira des commandemens ufités, & lorfque l'on remettra la colonne en colonne ordinaire, les drapeaux reprendront leurs places primitives.

Quelque part que foit placé le canon, lorfque la colonne devra marcher, il fe portera à droite & à gauche des maffes de flancs, fuivi de fes avant - trains. Les caiffons de munitions fe placeront aux flancs en arriere de la maffe qui aura la queue de la colonne, ainfi qu'il eft repréfenté, *fig. premiere*, *pl. 6.* Ce mouvement & cette pofition de l'Artillerie ne devant avoir lieu que quand la colonne devra marcher,

D

Le canon & les caiſſons, reprendront leur place toutes les fois que la colonne s'arrêtera.

DÉVELOPPEMENT
DU FEU DE L'INFANTERIE
PROPOSÉ
CONTRE LA CAVALERIE.

J'AI dit qu'il falloit une *maſſe de feu* capable d'en impoſer à la Cavalerie par un effet redoutable : examinons ſi la méthode que je propoſe, jouit de cet avantage.

Les colonnes dont il vient d'être parlé étant compoſées de front, de flanc & de queue, feront feu ſéparément, ſi elles ſont attaquées comme cela. Suppoſons que la Cavalerie attaque en colonne par Eſcadrons, l'on jugera facilement ſi le front de ſes eſcadrons eſt plus grand que celui des diviſions, ou pelotons, qui forment la colonne, ou s'il est plus petit, ce qui pourroit arriver si la Cavalerie attaquoit en colonne par demi-Escadron. Dans le premier cas, si l'Escadron se présente sur la droite de la colonne, on commandera, *FLANC DROIT*, *ARME*, *JOUE*, *FEU*. S'il se présente en tête, on commandera, *FRONT DE COLONNE*, &c. S'il se présente sur la gauche, on commandera, *FLANC GAUCHE*, &c. S'il se présente en queue, on commandera, *QUEUE DE COLONNE*, &c. J'entends par flanc, front, ou queue, les divisions, pelotons, ou sections, qui doivent faire front de ces côtés, lorsque l'on fait le commandement, Face par-tout.

Si la Cavalerie attaquoit les quatre faces de la colonne à la fois, toujours dans la supposition où les Escadrons, ou demi-Escadrons, présenteroient plus de front que les divisions, pelotons, ou sections, on commanderoit, *COLONNE*, &c.

Si l'on suppose maintenant que le front

des Efcadrons, ou demi-Efcadrons, foit plus petit que ceux des divifions, ou pelotons; on fent qu'il feroit inutile de faire feu de tout le front, ou de tout le flanc; dans ce cas, fi la Cavalerie fe préfente en tête, on commandera, *DIVISION*, ou *PELOTON DE TÊTE*, &c. Si la colonne eft formée par divifion, ou peloton. *DIVISION DE GAUCHE*, &c. *DIVISION DE DROITE*, &c. *DIVISION DE QUEUE*, &c. L'on comprend dans ce feu, les files extérieures des pelotons, ou fections qui couvrent les flancs des divifions, ou pelotons.

Si dans la même fuppofition, on attaquoit les quatre faces, on commanderoit, *DIVISION DE COLONNE*. Si l'on fuppofe que l'on attaque les petits flancs de la colonne, (j'entends par petits flancs, les pelotons, ou fections, qui couvrent les flancs des divifions, ou pelotons des maffes, que je défigne par, premier, fecond, troifiéme & quatriéme flancs, en commençant par celui qui eft à la droite du premier peloton de la tête;) ainfi on commandera, premier, fecond, troifiéme ou quatriéme flancs, *ARME*, &c. Si l'on en attaquoit deux, on commanderoit, premier & fecond, ou fecond & troifiéme, ou troifiéme & quatriéme flancs, *ARME*, &c. Et fi les quatre petits flancs étoient attaqués à la fois, on commanderoit, *GARDE A VOUS PETITS FLANCS*, *ARME*, &c. Enfin, fi les faces & les flancs étoient attaqués, on commanderoit, *BRIGADES*, *RÉGIMENT*, ou *BATAILLON*, &c.

Je ne puis approuver les tirailleurs pris dans la colonne, pour répondre à ceux que la Cavalerie pourroit envoyer contre elle, parce que les armes ayant été chargées d'avance & de fang froid, le font bien, au lieu que dans cette moufqueterie, les Soldats fe hâtent de tirer & de recharger leurs armes, & qu'elles le font mal; d'ailleurs en rentrant dans les pelotons, ils peuvent le déranger, & offrir un moment favorable à la témérité de quelques Cavaliers qui les fuivroient : ces deux inconvéniens me feroient préférer de donner cette récréation à la file des Officiers & bas Officiers qui font dans le rang, & qui fe porteroient pour cela, dix pas en avant de leurs pelotons, fans obferver d'alignement, tirant à volonté, à bout portant, & toujours au cheval; ces Officiers & bas Officiers, feroient fûrement un feu très-meurtrier, & trouvant toujours leurs intervalles formés, y rentreroient facilement & fans occafionner de défordre. Le Capitaine, pendant le feu, refteroit à la tête de fa compagnie, & reprendroit fa place, lorfque les tirailleurs feroient rentrés. (*a*)

Quant au feu de la colonne, je fuis convaincu, que la premiere décharge faite comme je l'ai indiqué, fuffiroit pour em

____

(*a*) Les phagnions de chaque Bataillon pourroient être plantés, trente pas en avant de chaque front, ils indiqueroient à l'Infanterie, l'inftant précis de faire leur feu.

pêcher la Cavalerie d'y revenir, cependant, fi l'on croit que cela ne foit pas fuffifant, lorfque l'ordre aura été rétabli, je ferai changer les armes des pelotons, ou divifions qui ont fait feu avec ceux qui font derriere, lefquels ne les rechargeroient point; ce mouvement s'exécuteroit en préfentant de main en main leurs armes de la main gauche, & recevant celles de leurs camarades, de la droite. Si les charges de la Cavalerie font affez fucceffives pour que cet échange ne puiffe pas fe faire, dans ce cas, ils auroient encore moins le temps de recharger leurs armes; alors ils préfenteroient la baïonnette, en la portant en avant le plus qu'ils pourroient, & en fe ferrant fur le premier rang. (*a*)

Les Officiers fupérieurs furveilleront chaque maffe, foit dans les feux, dans la mar-

---

(*a*) La maniere dont nous préfentons la baïonnette, n'eft ni impofante, ni utile, on pourroit facilement en trouver une autre, qui rempliroit ces deux objets.

che, ou formation de la colonne. Le Commandant en chef aura attention que les caiſſons de munitions ſoient rangés dans l'ordre indiqué dans la planche, & comme il peut y avoir des caiſſons de cartouches d'Infanterie, peut-être même des équipages, ſon intelligence ſuppléera à ce qui a pu nous échapper pour les cas imprévus.

Telle eſt la maniere dont je voudrois que l'on employât le feu de l'Infanterie contre la Cavalerie, obſervant comme principe eſſentiel & fondamental, de ne le faire qu'à trente pas, en ajuſtant le poitrail des chevaux, parce que l'expérience prouve, que le ſecond & troiſiéme rangs ajuſtent toujours trop haut, par la poſition vicieuſe, de notre maniere de tirer. L'expérience nous apprend encore, que les chevaux dont les Cavaliers ont été tués, continuent le mouvement de la charge avec l'Eſcadron, ce qui prouve qu'il eſt important de tuer le cheval, préférablement au Cavalier ; on doit ſentir, que quand même on ne tueroit pas le cheval, si on lui casse quelques membres, il perd physiquement son impulsion, & met d'autant plus le désordre dans l'escadron, que le nombre des jambes cassées est grand, à plus forte raison, des chevaux tués.

Enfin, si cette opinion ne prévaut point sur nos routines, on peut faire le feu de file, ainsi que le prescrit l'Ordonnance, ce qui n'empêcheroit pas cette colonne, de jouir de tous ces avantages.

Que l'on examine maintenant, s'il est possible de prendre une disposition, qui présente moins de front (*a*) & donne moins de prise aux efforts de la Cavalerie, si elle est nombreuse, & quelque puisse être l'habileté de ses manœuvres &

(*a*) La colonne de quatre Bataillons, ne présentant sur chaque face, que soixante-dix hommes de front, ne peut être attaquée, que par un Escadron qui auroit quarante-six hommes de de front, en tout quatre-vingt-douze, par conséquent un très-petit Escadron.

l'impétuofité de fa charge, fi elle peut en impofer à l'Infanterie, par-tout également forte & flanquée.

Que l'on confidére combien la manœuvre & le feu de l'Artillerie, qui fe fait autour de cette colonne, eft intéreffant & formidable, & celui de l'Infanterie décifif, s'il fe pratique ainfi que je viens de le dire.

L'on peut enfin remarquer, que la difpofition des Caiffons rend la colonne impénétrable, & force le Soldat timide & le moins aguerri, à réfifter aux efforts redoublés de la Cavalerie.

J'ofe donc dire qu'il n'y a dans les manœuvres que je propofe, rien qui ne foit aifé, d'une exécution facile, prompte & militaire ; que l'Infanterie ne peut rien pratiquer de plus avantageux, pour foutenir le choc de la Cavalerie & l'attaquer avec fuccès.

] ils pourroient l'être de
uelles on peut ouvrir les
c

onne de quatre Bataillons.

ec non.	Sans Canon.	Sans Grenadiers.
8 pas.	68 pas.	68 pas.
5	66	66
4	64	64
2	62	62
0	60	60
8	58	58
6	56	56
4	54	54
2	52	52

la mais il fera facile dans

TABLE des distances auxquelles on peut ouvrir les colonnes d'après la force des Pelotons.

L'ON a supposé dans ces manœuvres les pelotons composés de seize files; mais comme ils pourroient l'être de dix-huit & au dessous, c'est d'après cette supposition, que l'on a calculé les distances auxquelles on peut ouvrir les colonnes, pour avoir les intervalles nécessaires aux canons.

PELOTONS, Nombre des Files.	Colonne d'un Bataillon.			Colonne de deux Bataillons.			Colonne de quatre Bataillons.		
	Avec du Canon.	Sans Canon.	Sans Grenadeirs.	Avec du Canon.	Sans Canon.	Sans Grenadiers.	Avec du Canon.	Sans Canon.	Sans Grenadiers.
			un peu plus que le front d'un peloton.						
à 18	36 pas.	34 pas		52 pas.	34 pas.	36	68 pas.	68 pas.	68 pas.
à 17	34	32		50	32	34	66	66	66
à 16	32	30		48.	30	32	64	64	64
à 15	30	28		46	28	30	62	62	62
à 14	28	26		44	26	28	60	60	60
à 13	26	24		42	24	26	58	58	58
à 12	24	22		40	22	24	56	56	56
à 11	22	20		38	20	22	54	54	54
à 10	20	18		36	18	20	52	52	52

Cette Table pourroit n'être pas parfaitement exacte, ces manœuvres n'ayant point été exécutées, mais il sera facile dans la pratique d'y remédier.

APPENDICE.

POUR ne rien omettre de tout ce qui peut être relatif aux objets que nous traitons, nous allons rapporter le réfultat des épreuves qui ont été faites à Strafbourg, relativement à la célérité des charges de la Cavalerie.

Il eft intéreffant pour Meffieurs les Officiers, de connoître la plus grande vîteffe qui peut être employée dans les différens mouvemens de la Cavalerie, parce qu'au moyen de cette connoiffance, ils feront en état de juger du temps qu'ils mettront à prendre telle, ou telle difpofition contr'elle.

Je n'entrerai point dans les détails des procédés que l'on a fuivi pour s'affurer de l'exactitude de ces épreuves; je me contenterai d'obferver, qu'ayant été exécutées fur un très-beau terrein, les réfultats ne seroient pas les mêmes dans ceux que l'on rencontre à la guerre, étant communément plus mauvais.

Le 11 Juillet 1769, il fut expérimenté, en combien de temps un Régiment de Cavalerie, parcourroit une distance de deux cent toises au pas, au trot & au galop.

On fit marquer une distance de deux cent toises, dans la plaine des Bouchers, à Strasbourg, où M. de Vogué, Lieutenant général, Inspecteur de Cavalerie, fit parcourir cette distance au Régiment de Royal-Etranger & à celui du Commissaire-général.

En bataille, le premier mit au pas, quatre minutes & demie, au trot, deux minutes, & au galop, une minute, huit secondes. Le second mit au pas, quatre minutes & demie, au trot, deux minutes six secondes, & au galop, cinquante-quatre secondes, ce qui donne pour moyenne, au pas, quatre minutes, trente secondes, au

trot, deux minutes, trois secondes, au galop, une minute, une seconde.

En rapportant les résultats de ces épreuves, je m'étois proposé de calculer ce que
la Cavalerie auroit à essuyer de coup de
canon, en partant de la distance de cinq
cent toises, pour charger de l'Infanterie
en bon ordre, distance à laquelle la Cavalerie, commenceroit à être fort inquiétée
d'une Artillerie bien servie; (*a*) mais pour
faire ce calcul & partir d'une donnée rai-
sonnable, il falloit savoir combien la Cavalerie mettroit de temps à parcourir cette
distance, & faire une charge victorieuse.
En garde contre mes foibles lumieres à
cet égard, j'ai consulté des Officiers, qui

(*a*) Ceux qui croyent que cette distance est
trop considérable, ne savent pas que les piéces
de campagne, portent à huit cent quatre-vingt
toises, que contre de la Cavalerie, on pourroit
facilement tirer à cinq cent cinquante, en raison
de ce que la masse est considérable & d'un as-
pect plus sensible, que de l'Infanterie à cette
distance.

par leur réputation étoient le plus en état
de résoudre cette question. Mais telle est
encore l'incertitude de nos principes, qu'aucuns de ces Officiers n'ont été d'accord
fur cet objet; les uns, demandant fept minutes, paflant progreffivement à tous les
pas, de maniere à joindre l'enfemble à la
plus grande vîtefle, d'où dépend le fuccès
d'une charge; les autres, exaltant au-delà
de ces véritables bornes la vîtefle de la
Cavalerie, difent que l'on n'a nulle idée
de fa velocité & de ce que l'on peut attendre d'elle. Dans cet embarras j'ai eu recours
à un ouvrage (*a*) qui à beaucoup d'égard,
a remporté le fuffrage des Militaires. Voici
l'opinion de l'Auteur.

« Pour que cette quantité de vîtefle pro-
» duife tout l'effet qu'on doit en attendre,
» il faut qu'elle foit proportionnée à l'éloi-
» gnement du but où l'on va frapper;
» fi ayant fix cent pas à parcourir, on

(*a*) Eflai général de Tactique.

» s'ébranloit avec la même vîteffe que fi
» l'on n'en avoit que deux cent, les chevaux
» s'eſſouffleroient & le mouvement iroit
» en ſe ralentiſſant vers la fin de la char-
» ge, tandis qu'au contraire il doit aug-
» menter d'accélération. Il faut que cette
» quantité de vîteffe ſoit graduelle & pro-
» greffive, c'eſt-à-dire, par exemple, que fi
» un Corps de Cavalerie, allant à la
» charge, a ſix cent pas à parcourir, il doit
» s'ébranler au petit trot, faire ainſi deux
» cent pas, & enſuite deux cent pas au
» grand trot; cette même meſure & mou-
» vement ne manquera pas de s'accélérer
» preſque d'elle même, à proportion que
» les chevaux s'échaufferont & ſe mettront
» en haleine; enfin, les deux cent pas
» reſtant feront faits au galop, les Ca-
» valiers baiſſant la main & abandonnant
» leurs chevaux aux cinquante derniers,
» de maniere que la plus grande quantité
» de vîteffe poffible exiſte ſur la Troupe
» que l'on va charger, & qu'ainſi cette

» impétuofité rendue décifive par l'accé-
» lération du mouvement, étourdiffo le Ca-
» valier fur le danger, & entraîne fur l'en-
» nemi le lâche comme le brave, & les
» demi-volontés comme les volontés en-
» tieres. »

Cette opinion m'ayant parue parfaitement développée, a détruit mon incertitude,
je l'ai donc prife pour bafe de mon calcul,
ainfi que le réfultat des expériences de la
Cavalerie à Strafbourg.

L'on fuppofe donc qu'un Régiment de
Cavalerie s'ébranle à cinq cent toifes, pour
charger de l'Infanterie, qui lui tireroit du
canon à cette diftance, qu'elle parcoure
les deux cent premieres toifes au pas, ce qui
feroit quatre minutes & demie; deux cent
toifes au trot, ce qui feroit deux minutes,
trois fecondes; enfin, les cent dernieres
toifes au galop, ce qui feroit encore, trente
fecondes, trente tierces; la Cavalerie aura
donc mis pour parcourir cinq cent toifes,
& charger de l'Infanterie en bon ordre,

fept

fept minutes, trois fecondes & trente tierces.

Cette fuppofition ne nous paroît pas fort éloignée de la vérité; car fi l'on confidere le terrein, le danger, les pertes, les remplacemens qu'ils occafionnent, & le défordre qui en réfulte, tous ces obftacles ne contribuent pas peu à ralentir la vîteffe de la Cavalerie.

Les huit piéces attachées aux quatre Bataillons qui forment la colonne, pourront facilement tirer fix coups par minute & huit à cartouche; *(a)* parce qu'il y a une très-grande diftinction à faire entre ce tir & celui à boulet : celui à cartouche exigeant beaucoup moins de jufteffe, emporte une exécution infiniment plus prompte.

Pendant que la Cavalerie parcourra

____

(a) On pourroit aifément en tirer un tiers de plus, mais on fe borne à ce nombre, pour avoir le temps de bien ajufter.

E

les deux cent premieres toifes, elle effuiera donc, des huit piéces de la colonne, deux cent feize coups de canon à boulet; pendant qu'elle parcourra deux cent toifes au trot, elle en effuiera quatre-vingt-feize, & pour les cent dernieres toifes qu'elle parcourra au galop, trente-deux à mitraille; ce qui fait en tout trois cent quarante-quatre coups de canon, dont les trente-deux à mitraille font compofées de deux mille feize balles de fer battu, dont l'effet fera d'autant plus meurtrier que ces derniers coups feront tirés à bout portant. Si l'on joint à ce feu celui du front de la colonne attaquée, ce qui fera encore deux cent quatre-vingt-huit coups de fufils, je demande quel fera le réfultat d'une charge de Cavalerie accueillie de la forte?

Mais, diront les Officiers de Cavalerie, que l'on nous donne du canon comme en Pruffe, & nous verrons s'il eft une difpofition d'Infanterie qui puiffe nous réfifter. Je repondrai & obferverai que fi l'on donne du canon à la Cavalerie, il eſt à craindre qu'on ne lui faſſe perdre des avantages certains, pour des avàntages illuſoires & momentanés; qu'en l'appéſantiſſant elle ne ſoit plus propre au détachement & au courſes rapides, ſi néceſſaires & ſi avantageuſes en tant d'occaſions. Mais en ſuppoſant que dans quelques circonſtances on donne du canon à la Cavalerie, combien ne s'en rencontrera-t'il pas où l'Infanterie ſ'en trouvera dépourvue ? Juſqu'ici je n'oppoſe que des doutes; examinons ſi dans le fait, l'Infanterie n'auroit pas encore l'avantage.

Suppoſons donc que la Cavalerie ait du canon; la maniere la plus avantageuſe de l'emplacer, c'eſt de l'avoir en avant de ſes flancs, ſoutenue par de petites Troupes; de toute autre maniere elle pouvoit gêner ſes mouvemens, ſa charge, & préſenter deux objets à l'Artillerie qui lui feroit oppoſée.

Le Roi de Pruſſe a eu, dit-on, du

canon dans quelques occasions avec sa Cavalerie , & l'ayant démasqué par un mouvement rapide , elle a fait le plus grand feu , & produit le plus grand effet. Tout cela peut être , mais n'empêche pas que dans le cas présent , la Cavalerie allant charger l'Infanterie , ne court sur le but où son Artillerie tire , & que bien avant d'arriver , elle ne puisse en être atteinte de quelque maniere qu'elle soit placée. La Cavalerie courroit de bien plus grands risque encore , si cette Artillerie tiroit à cartouche , à cause de l'écart que font les bales. Voici donc ma disposition.

Si j'ai quatre Bataillons , je débouche dans la plaine & marche à la Cavalerie , en colonne par division. Avant d'être à portée de son Artillerie , je me déploye sur deux lignes pleines , mon canon en avant des ailes de la premiere , soutenue par quelques troupes , mes caissons doublés sur les flancs de la seconde. Dans cette position , je marche encore à la Cavalerie jusqu'à ce que

je fois à la diftance de cinq cent toifes
arrivé à cette diftance, je m'arrête &
mon Artillerie fera le plus grand feu fur
la Cavalerie, dirigeant quelques piéces fur
l'Artillerie ennemie, fi elle m'incommode.
Mon feu fera d'autant plus redoutable, que
la difficulté n'étant pas de tirer fur des furfaces horifontales dès qu'elles préfentent
feulement cent toifes de développement,
mais bien fur les furfaces verticales, & qu'à
cet égard la Cavalerie offre un tiers de plus
en hauteur que l'Infanterie. J'ajouterai encore que l'expérience a plus d'une fois dé-
montré, que l'Infanterie foutenoit mieux
le feu de l'Artillerie que les chevaux de
la Cavalerie, parmi lefquels les effets & le
fifflement du boulet occafionnent le plus
grand défordre. Je forcerai donc la Cavalerie à fe retirer, ou à m'attaquer. Mais
avant d'en venir là, examinons dans quelle
difpofition la Cavalerie a dû refter fous le
feu de mon Artillerie, nous ne pouvons
pas fuppofer que ce foit en une, ou plu-

fieurs colonnes, parce qu'elle auroit eu trop
à fouffrir du canon ; ce ne peut donc être
qu'en bataille.

Au moment où la Cavalerie s'ébranle
pour m'attaquer & fous la protection du
feu de mon Artillerie , je fais doubler
mes Bataillons, (*a*) ma feconde ligne que
j'ai placé à cinquante toifes, je la fais ferrer
à foixante pas de la premiere, ce qui eft
eft relatif à la force des divifions ; mes
caiffons & mes avant-trains placés ainfi qu'il
eft repréfenté par la *fig.* 11. Les divifions
des ailes de mes deux lignes , couvrent
les flancs & forment exactement le Bataillon quarré. (*b*) cette manœuvre s'exécu-

---

(*a*) Pour exécuter ce mouvement, je fais
faire à gauche à mes Bataillons de droite, & à
droite à ceux de gauche , puis ferrés au pas de
manœuvre ; je fais qu'il y a de l'alongement
dans le Bataillon, par ce mouvement ; mais on
peut l'éviter en déboîtant à droite toutes les têtes
des divifions, & les faifant marcher à hauteur
des dernieres files de chacune d'elles.

(*b*) Cette manœuvre peut s'exécuter de deux

tant des ailes au centre dans tous ces mouvemens, fe forme en deux minutes.

Nous avons fait voir que pour parcourir cinq cent toifes, & charger de l'In-

---

manieres; la premiere , en faifant faire demi-tour
à droite aux divifions de droite & de gauche des
aîles de la premiere ligne, & converfer celle de
droite à droite, celle de gauche à gauche; les
divifions de droite de la feconde ligne à gauche,
& celle de gauche à droite; les deux lignes
étant ferrées, de maniere que ces divifions puif-
fent fe placer entre deux, & fermer exactement
le Bataillon quarré.

Les converfions étant peu en ufage, voici
la feconde maniere. Les divifions de droite & de
gauche de la premiere ligne , peuvent faire,
celle de droite, à gauche, celle de gauche, à
droite, celle de droite marchant perpendiculai-
rement en arriere par file à gauche, celle de
gauche de même par file à droite, en forte que
les divifions des ailes de la feconde ligne exé-
cutent le même mouvement en avant dans le
même temps, & relativement à leur pofition,
de maniere que les quatre divifions marchent l'une
contre l'autre jufqu'à leur rencontre. Les divifions
de premiere ligne fe trouvant par le dernier rang,
fe formeront, comme il a été dit en pareil cas,
dans la formation des colonnes.

fanterie en bon ordre, la Cavalerie met-
toit fept minutes, trois fecondes, trente
tierces. Il faut obferver encore que la Cavalerie étant déployée, fera au moins une
minute pour fe mettre en colonne, ce qui
feroit en tout huit minutes, trois fecondes,
trente tierces, ainfi j'aurai quatre fois plus de
temps qu'il ne m'en faudra, pour me former
comme je viens de le dire.

C'eft donc dans cette difpofition que
la Cavalerie vient m'attaquer; fi elle ne
forme qu'une attaque, je réunirai tout le
feu de mon Artillerie fur elle. Si elle en
forme deux, fon Artillerie ne pourra bien-
tôt plus agir & le feu de la mienne fera
d'autant plus meurtrier, qu'il fe fera de plus
près, & que je pourrai employer le tir à
cartouche, tandis que l'Artillerie ennemie
ne pourra en faire autant, par la raifon
que j'ai donné. Si la Cavalerie attaque les
angles, elle effuyera un feu croifé & d'échar-
pe, & fur-tout le feu direct des piéces qui
font placées, fur les angles attaqués, qui

fera d'autant plus meurtrier, que la maniere la plus avantageuse de tirer une colonne pleine, eſt de la prendre de tête
en queue; parce qu'alors elle eſt conti-
nuellement ſur la direction du feu de la
piéce, que l'on tire plus vîte, & que
le boulet ne ceſſe de détruire que lorſqu'il
perd ſa force. La Cavalerie ne peut eſ-
pérer de pénétrer par les angles, parce
qu'au moment où l'Artillerie ceſſe de tirer, on unit les deux piéces par la volée
en forme de rédan, & elle ne peut aſſu-
rément franchir cet obſtacle.

Veut-on ſuppoſer que la Cavalerie attaque les faces? Indépendamment du feu
croiſé de l'Artillerie, elle eſſuyera à trente
pas celui de l'Infanterie, ſans eſpoir de pouvoir l'enfoncer, quand même l'Infanterie
auroit été renverſée & forcée de ſe jetter
dans l'intérieur de la colonne, le retranchement pratiqué, par le moyen des caiſſons, ſeroit toujours invincible à la Cava-

lerie, ne fût-il défendu que par les plus timides.

Qu'il me foit donc permis de dire, (à quelque chofe près,) comme l'Auteur de l'Effai général de Tactique ; » Que » l'Infanterie étant régénérée & ordonnée, » *comme je le propofe,* il faudra que la » Cavalerie s'abftienne de l'attaquer, com- » me elle s'abftient d'attaquer un chemin » couvert ou un retranchement. Chacune » des armes rentrera alors dans fa fphere » & dans fes droits : l'Infanterie, Corps » folide & pefant , redoutable par fon » feu, par les reffources de l'art & du ter- » rein , ne pourra être attaquée que par » de l'Infanterie. La Cavalerie attaquera » la Cavalerie, *mais elle ne fera plus* » *maîtrèffe des plaines,* elle fera les dé- » tachemens & les courfes rapides; elle » couvrira le flanc de l'Infanterie, parce » que par fa vélocité elle peut mieux » embraffer & envelopper; elle foutien-

» dra l'Infanterie, parce qu'au moyen du
» même avantage, elle peut, en un clin
» d'œil, tomber fur l'ennemi, que fa vic-
» toire ou fa defaite, aura mis en défor-
» dre; elle pourra enfin attaquer toute
» Infanterie qui n'aura pas eu le temps
» de prendre *ma difpofition*, & toute
» Infanterie qui, comme celle d'aujour-
» d'hui, fera mal ordonnée, &c.

Si j'ai fait tous mes efforts pour réfou-
dre une queftion fi long-temps agitée, fi
j'ai foutenu les droits de l'Infanterie, je
ne penfe pas moins, que la Cavalerie,
étant employée & inftruite comme elle
doit l'être, décidera la moitié des ba-
tailles, & complétera prefque toutes les
victoires.

F I N.

TABLE
DES MATIERES

Contenues dans cet Ouvrage.

Table des matiéres.

Fin de la Table.

EXTRAIT des *Régiſtres de la Société Royale des Sciences & des Arts de Metz.*

Du Lundi 31 Décembre 1781.

MM. GARDEUR LE BRUN, LACONDAMINE, & BLOUET, Commiſſaires nommés pour l'examen d'un ouvrage de M. LE CHEVALIER DUTEIL, intitulé, *Manœuvres d'Infanterie pour réſiſter à la Cavalerie & l'attaquer avec ſuccès*: en ayant fait leur rapport; la Société Royale l'a jugé digne de l'impreſſion, en conſéquence elle a conſenti qu'il fût imprimé ſous ſon privilége, dont expédition, ſignée de nous, ſera jointe aux préſentes. En foi de quoi, nous avons délivré les préſentes, munies du ſceau de la Société royale.

FAIT à Metz le trente-un Décembre mil ſept cent quate-vingt-un.

Signé, DUPRÉ DE GENESTE, *Secretaire perpétuel.*

PRIVILÉGE GÉNÉRAL.

LOUIS, par la grace de Dieu, ROI DE FRANCE ET DE NAVARRE : A nos amés & féaux Conſeillers, les Gens tenant nos Cours de Parlement, Maîtres des Requêtes ordinaires de notre Hôtel, Grand Conſeil, Prevôt de Paris, Baillis Sénéchaux, leurs Lieutenans Civils & autres nos Juſticiers, qu'il appartiendra, SALUT. Ayant jugé à propos de mettre fous notre protection la Société des Sciences & Arts de Metz & encourager les Travaux Littéraires des Membres qui a composent : Nous avons cru devoir lui accorder nos Lettres de Privilége de faire imprimer tous les Ouvrages que ladite Société des Sciences & Arts de Metz voudra faire imprimer en son nom ; A CES CAUSES, nous avons permis à ladite Société, & Nous lui permettons, par ces Présentes, de faire imprimer, par tel Imprimeur qu'elle voudra choisir, & autant de fois que bon lui semblera, de faire vendre & débiter par-tout notre Royaume, pendant le temps de douze années consécutives, à compter du jour de la date des Présentes, généralement tout ce que ladite Société voudra faire paroître en son nom, après avoir fait examiner lesdits Ouvrages & les avoir jugés dignes de l'impression. Faisons défense à tous Imprimeurs Libraires & autres personnes, de quelque qualité & condition qu'elles soient, d'en introduire d'impression étrangere dans aucun lieu de notre obéissance : comme aussi d'imprimer ou faire imprimer, vendre, débiter, ni contrefaire lesdits Ouvrages, ni d'en faire aucuns extraits, sous quelque prétexte que ce puisse être, sans la permission expresse, & par écrit, de ladite Société, ou de ceux qui auront droit d'elle, à peine de confiscation des exemplaires contrefaits, de trois mille livres d'amende contre les contrevenans, dont un tiers à Nous, un tiers à l'Hôtel-Dieu de Paris, & l'autre tiers à ladite Société, ou à celui qui aura droit d'elle, & de tous dépens, dommages & intéréts : à la charge que ces Présentes seront enregistrées tout au long, sur le Regiftre de la Communauté des Imprimeurs & Libraires de Paris, dans trois mois de la date d'icelles ; que l'impression desdits Ouvrages sera faite dans notre Royaume, & non ailleurs, en beau papier & beau caractere, conformément aux Réglemens de la Librairie, & notamment à celui du 10 Avril 1725, à peine de déchéance du présent Privilége ; qu'avant de l'exposer en vente, le manufcrit, qui aura servi à l'impression desdits Ouvrages, sera remis dans le même état, où l'Approbation aura été donnée, ès mains de notre très-cher &

féal Chevalier, Garde des Sceaux de France, le Sieur Hue de Miromenil ; qu'il en fera enfuite remis deux Exemplaire dans notre Bibliothéque publique ; un dans celle de notre Château du Louvre, un dans celle de notre trèscher & féal Chevalier, Chancelier de France, le Sieur de Maupou, & un dans celle dudit Sieur de Miromenil, le tout à peine de nullité des Préfentes : du contenu defquelles VOUS MANDONS & enjoignons de faire jouir ladite Société, & fes ayans caufe, pleinement & paifiblement, fans fouffrir qu'il leur foit fait aucun trouble ou empêchement. Voulons que la copie des Préfentes, qui fera imprimée tout au long, au commencement ou à la fin defdits Ouvrages, foit tenue pour duement fignifiée, & qu'aux copies collationées par l'un de nos amés & féaux Confeillers Secrétaires, foi foit ajoutée comme à l'original. Commandons au premier notre Huiffier ou Sergent fur ce requis, de faire, pour l'exécution d'icelles, tous Actes requis & néceffaires, fans demander autre permiffion, & ce nonobftant clameur de Haro, Chartre Normande & Lettres à ce contraire. CAR TEL EST NOTRE PLAISIR. DONNÉ à Paris, le quatorziéme jour d'Août, l'an de grace mil fept cent foixante-feize, & de notre Regne le troifiéme. Par le Roi, en fon Confeil. *Signé*, LE BEGUE.

Regiftré fur le Regiftre XX de la Chambre Royale & Syndicale des Libraires & Imprimeurs de Paris, N°. 740. fol. 123. conformément au Réglement de 1723, qui fait défenfe, Article IV, à toutes Perfonnes, de quelque qualité & condition elles foient, autres que les Libraires & Imprimeurs, de vendre, débiter, faire afficher aucuns livres pour les vendre en leurs noms, foit qu'ils s'en difent les Auteurs ou autrement, & à la charge de fournir à la fufdite Chambre, huit Exemplaires prefcrits par l'Article CVIII du même Réglement. A Paris, le dix fept Septembre mil fept cent foixante feize.

Signé, LAMBERT, *Adjoint.*

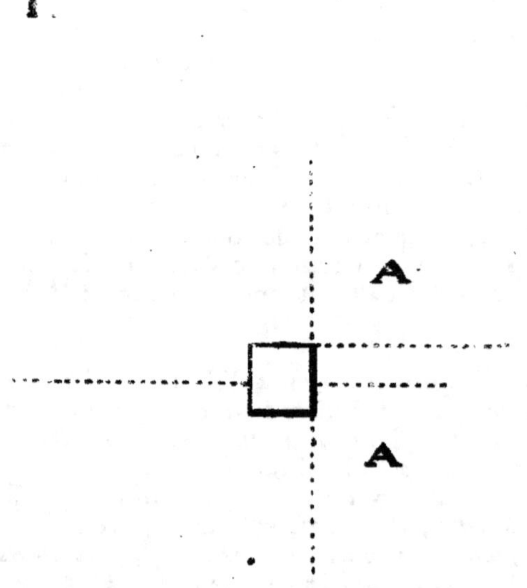
I
A
A

Pl. I.

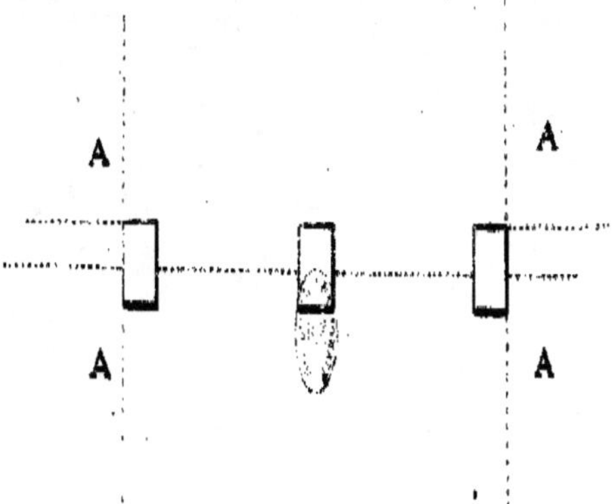
A
A
A
A

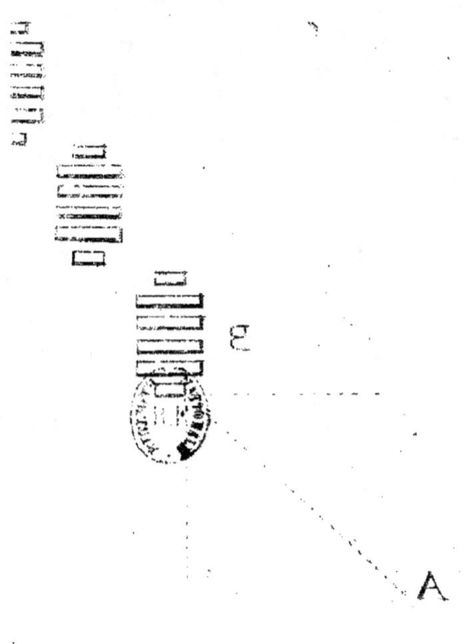
B
A

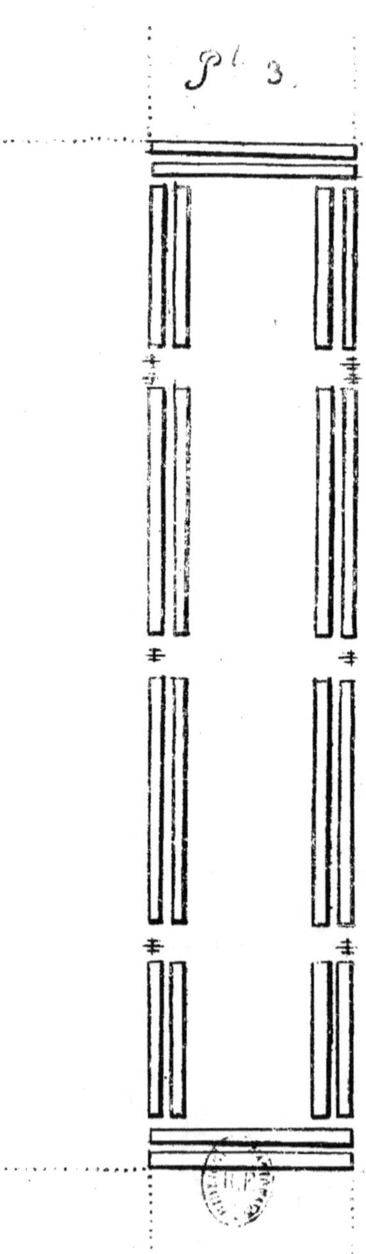

Pl. 3.

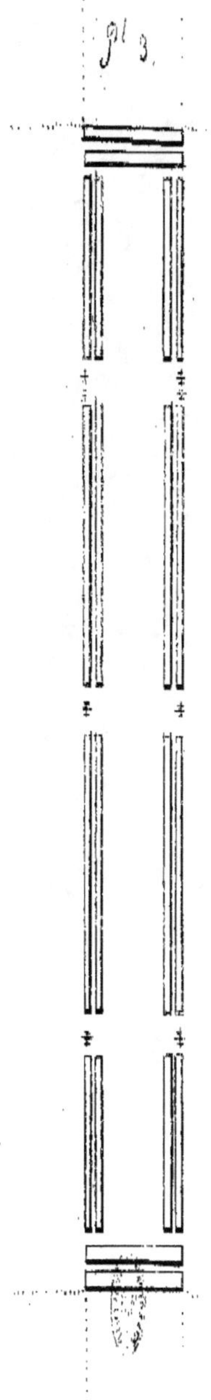
Pl. 3

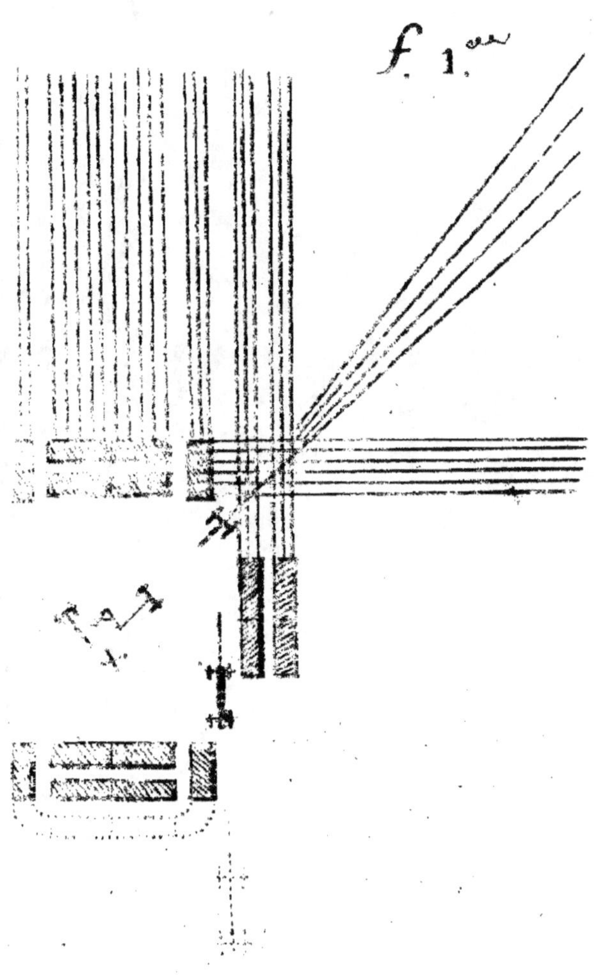
f. 1.er
128 pies ou de 2 f. 2.pieds
par 32 48 6u 128 pies
96

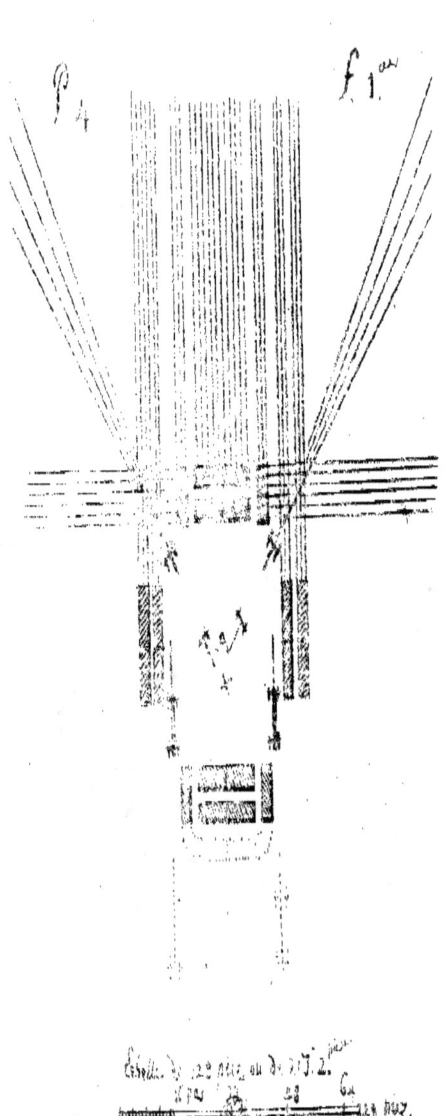
P
f. 1er
Échelle de
32
2nd

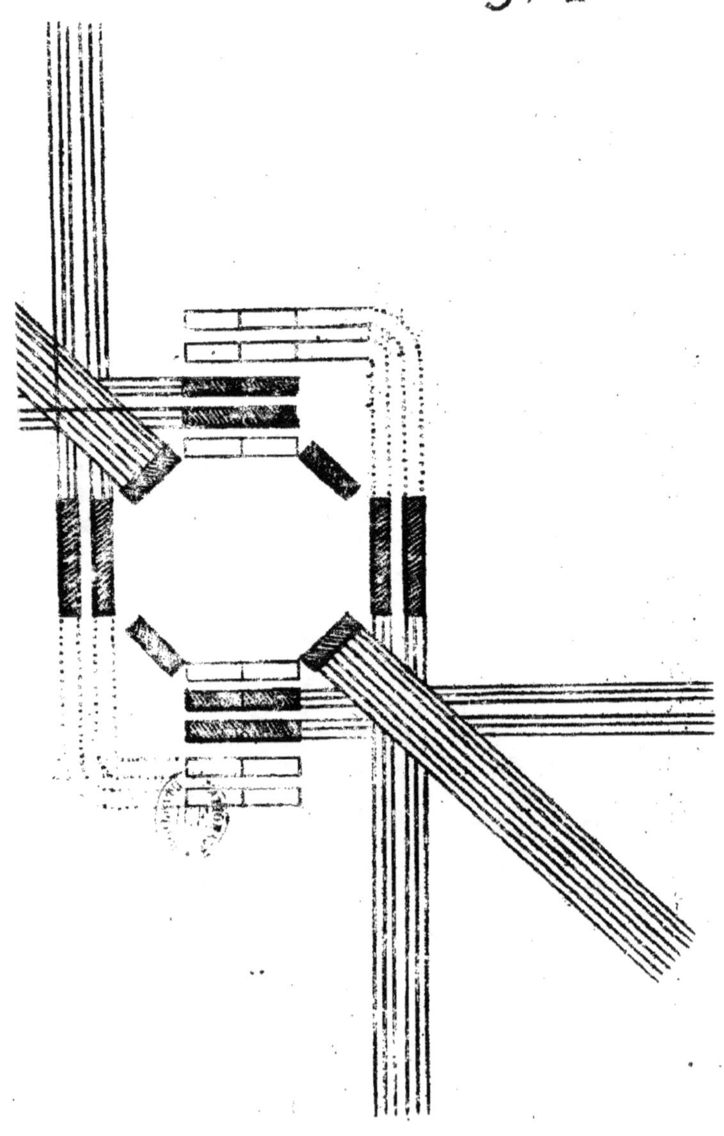

f. 2.

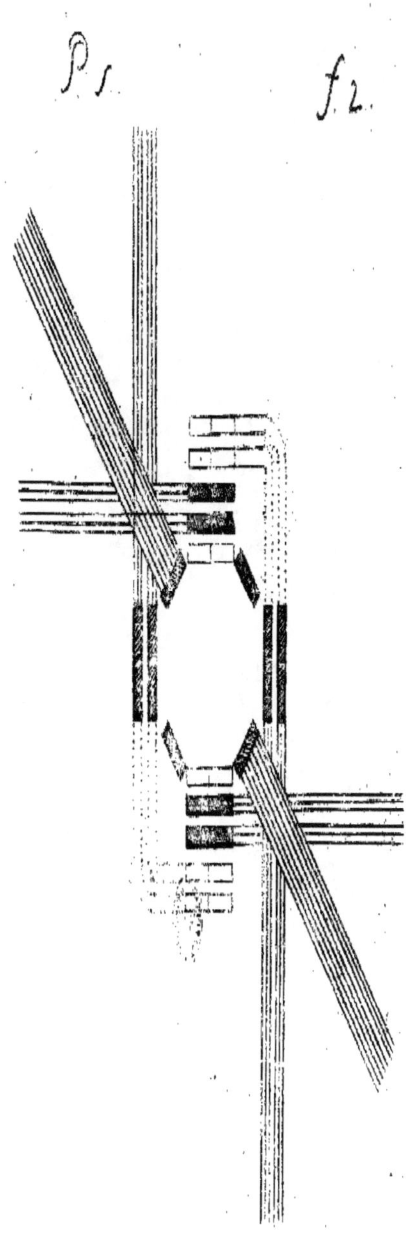

P 1.
f 2.

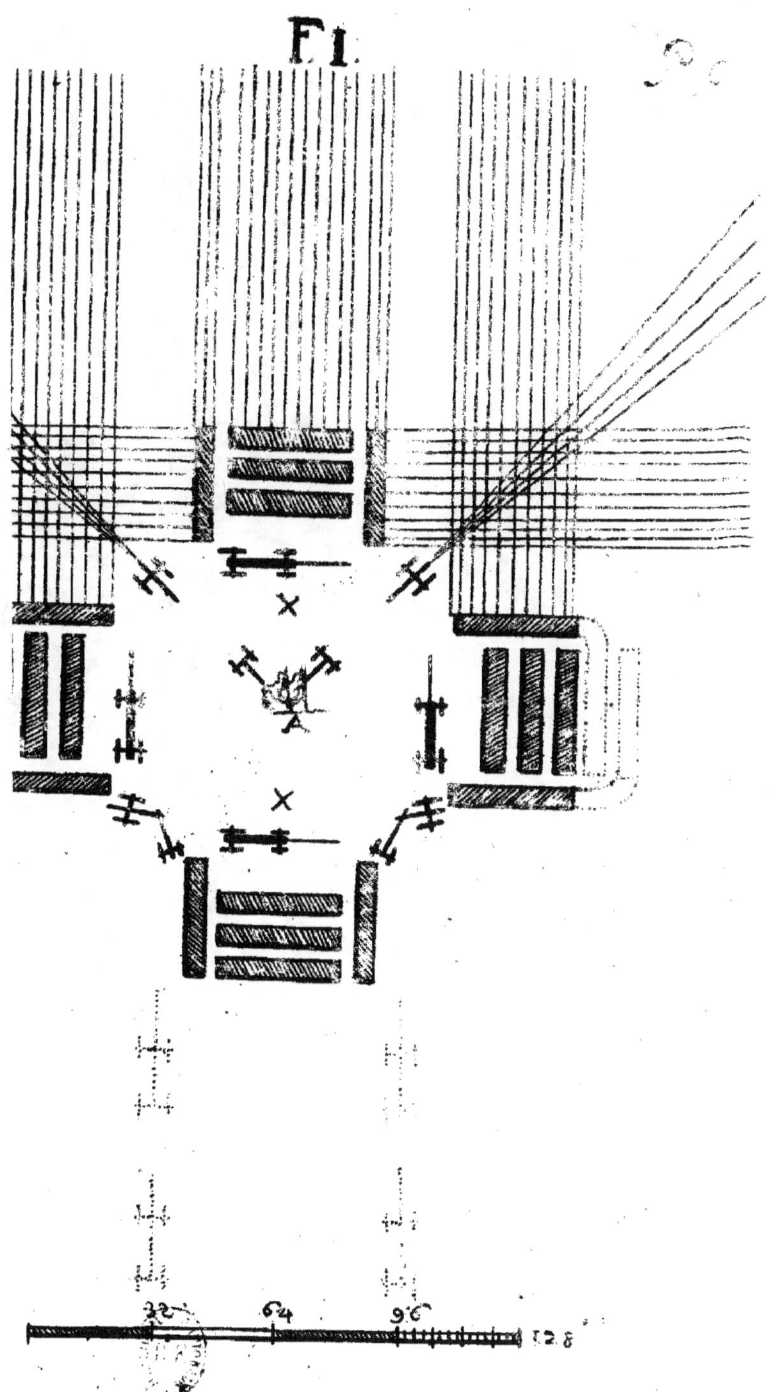

F1.
32
64
96
128

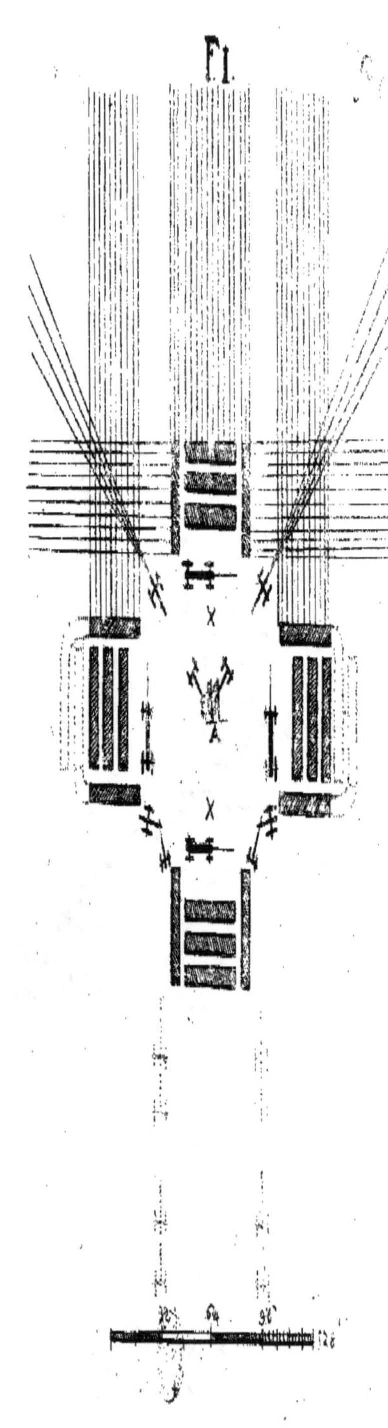

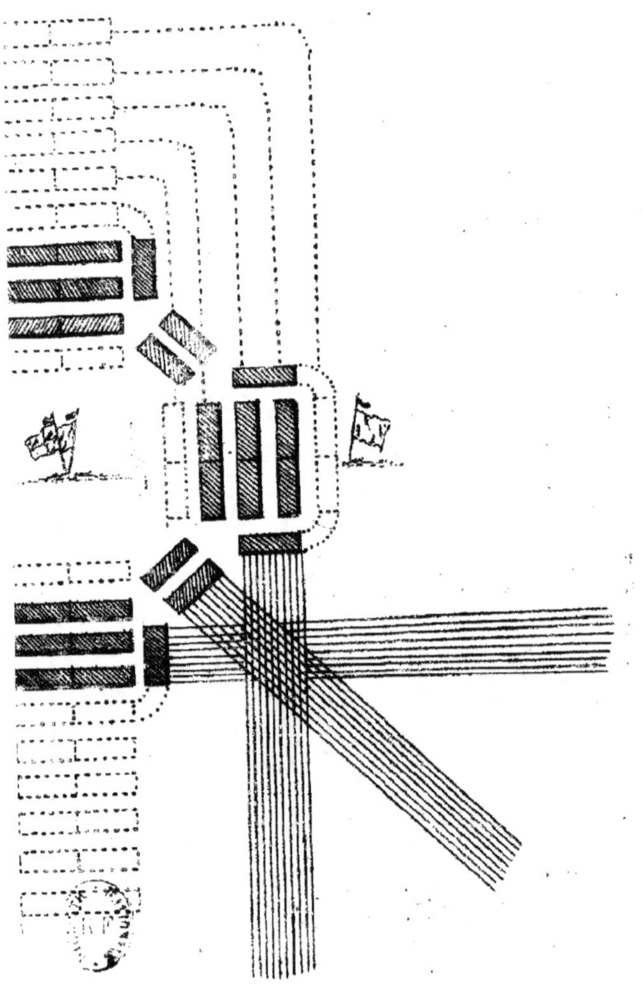
P. 7.

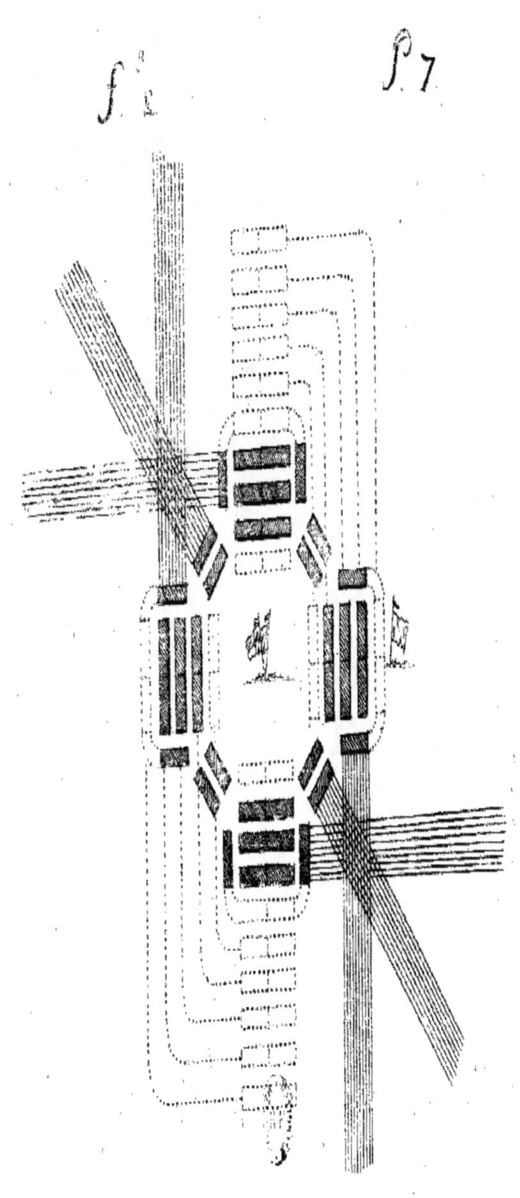

f.²
P. 7

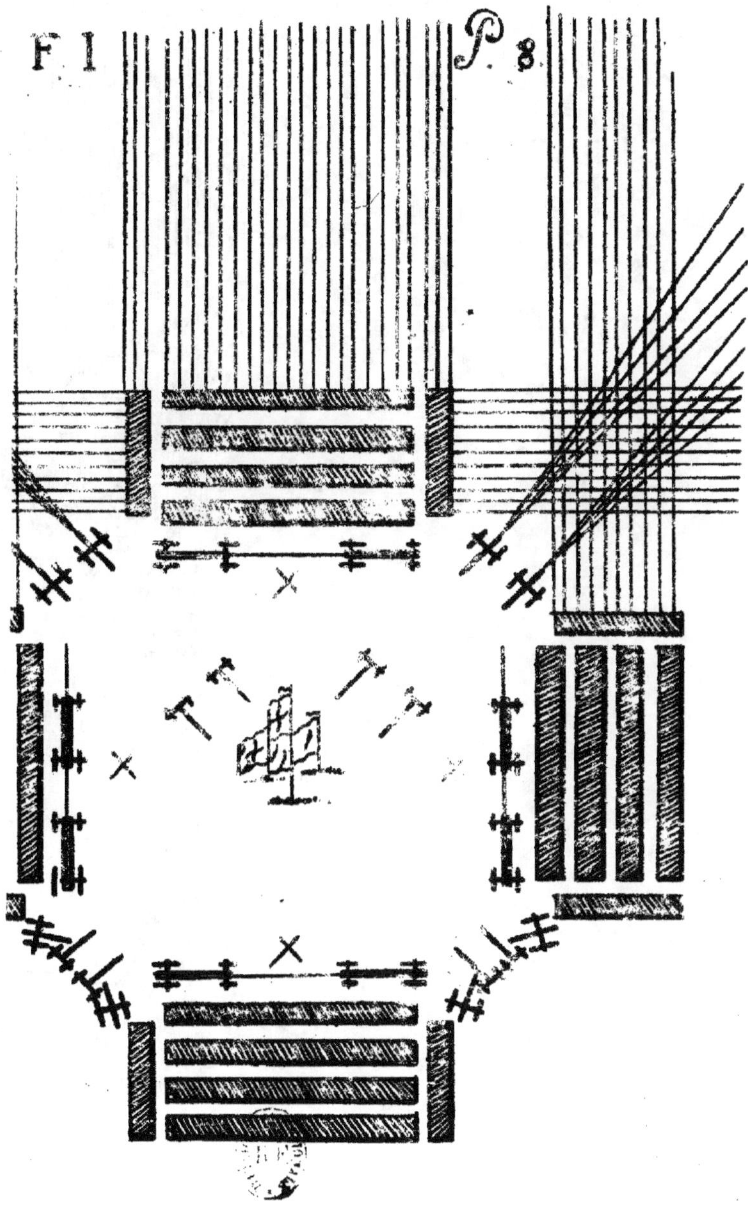

F I
P. 8.
6 pas 32 48 64 12.8 pied
32 46 96

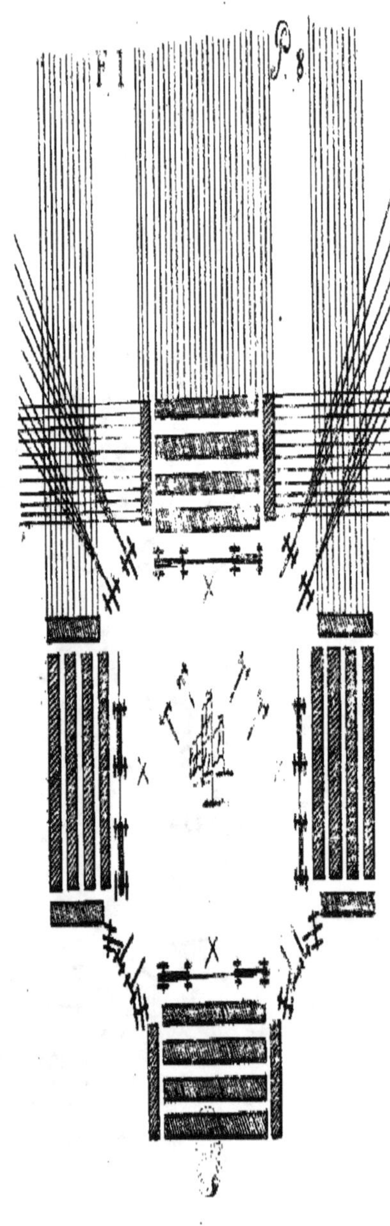
F I
P. 8
6 par 32 48 64 128 pied
32 46 96

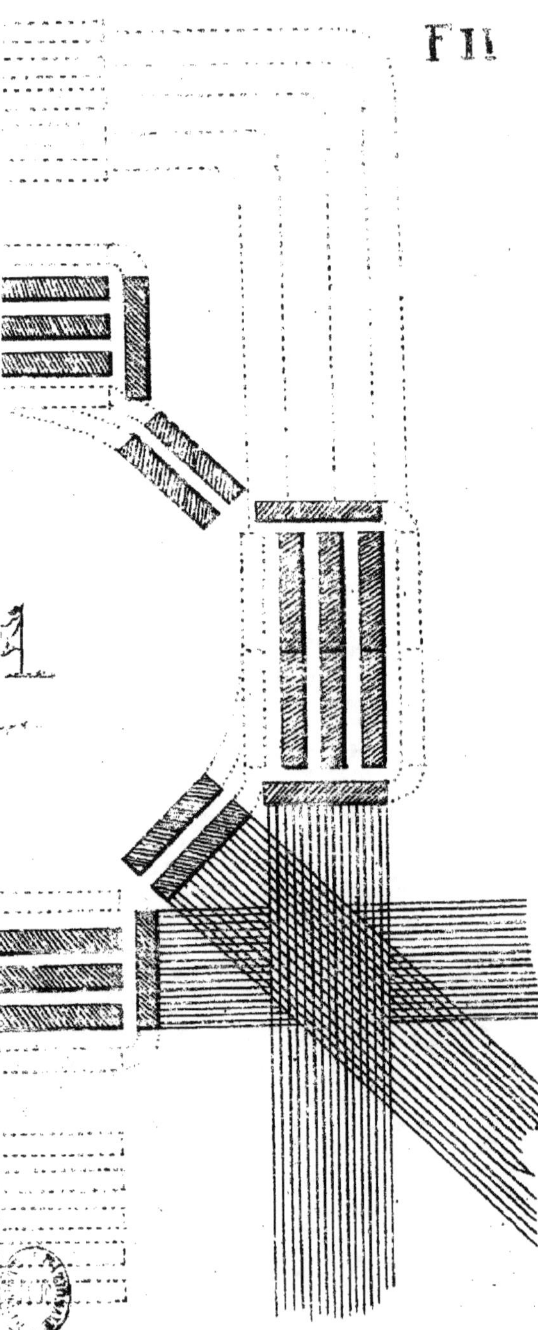
F II.

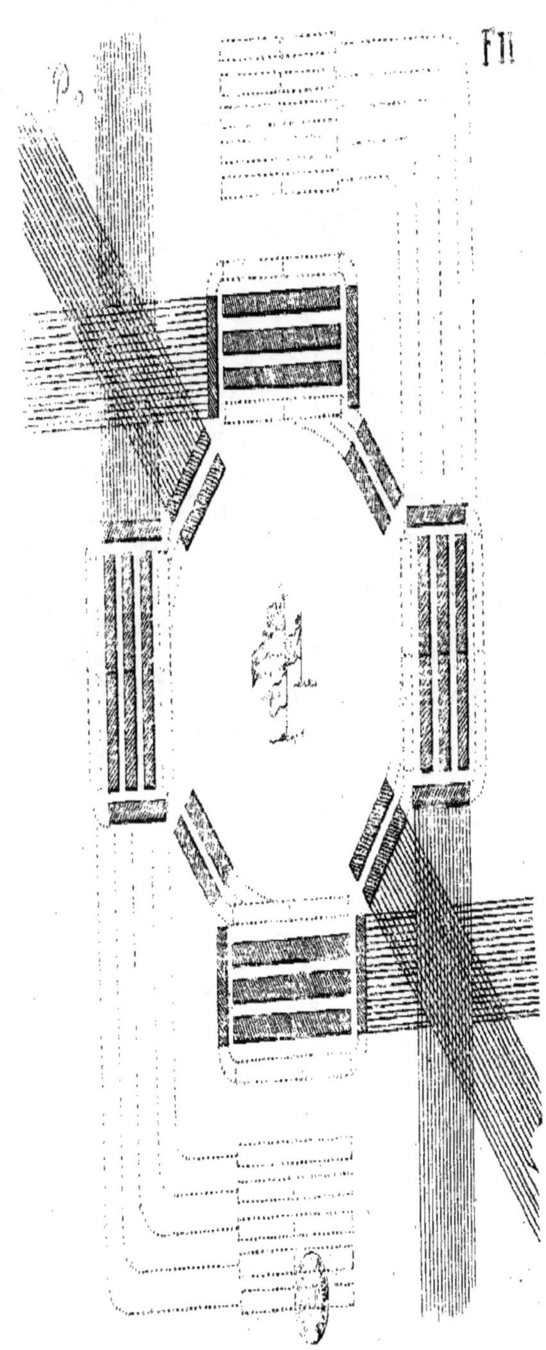

P.
F. II

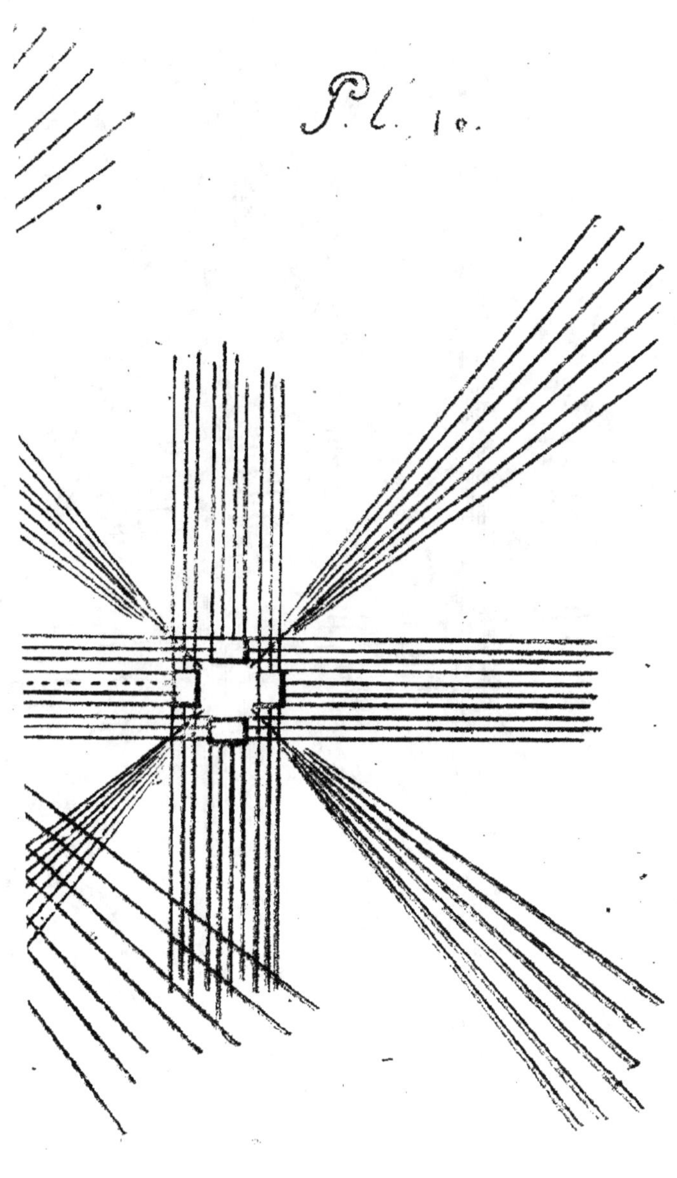
Pl. 10.

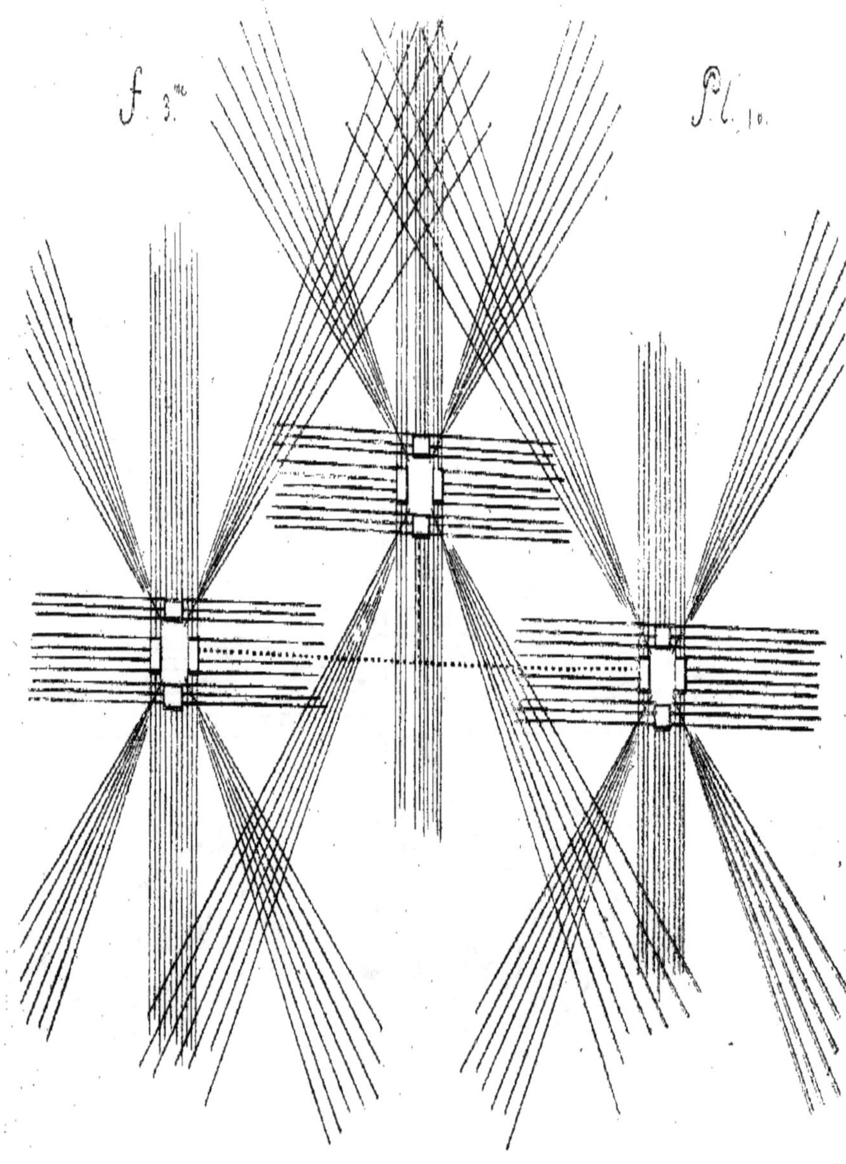

f. 3.me
Pl. 10.
Echelle de 200 Toises
200.T.

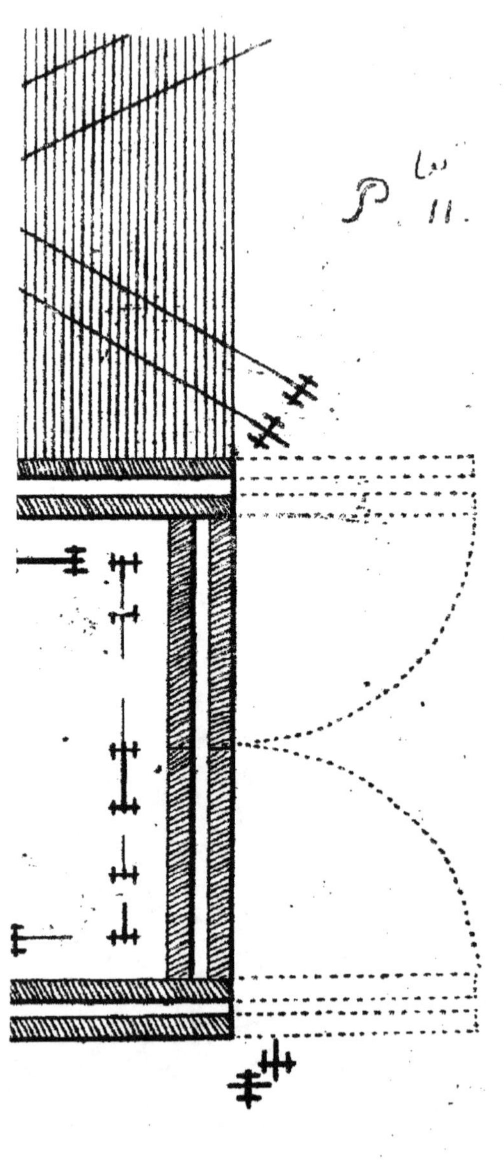
P. 11.

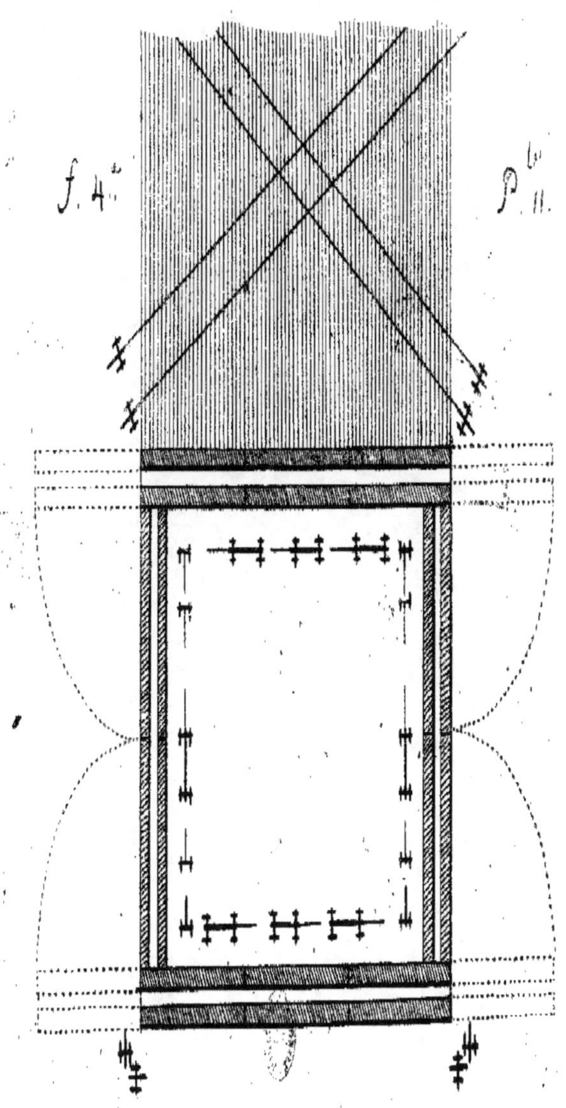

f. 4.
P. 11.

www.ingramcontent.com/pod-product-compliance
Lightning Source LLC
LaVergne TN
LVHW021728170726
843503LV00004B/1473